O LIVRO DAS RESPOSTAS

Dados Internacionais de Catalogação na Publicação (CIP)
(Câmara Brasileira do Livro, SP, Brasil)

Grün, Anselm
O livro das respostas / Anselm Grün ; tradução Edgar Orth. 3. ed. – Petrópolis, RJ : Vozes, 2011.

Título original: Buch der Antworten.
ISBN 978-85-326-3633-1

1. Crescimento pessoal 2. Espiritualidade 3. Perguntas e respostas 4. Reflexões I. Título.

08-01855 CDD-248

Índices para catálogo sistemático:
1. Espiritualidade : Cristianismo 248

Anselm Grün

O LIVRO DAS RESPOSTAS

Tradução de Edgar Orth

2ª Reimpressão
Junho/2016

VOZES
NOBILIS

Anselm Grün, *Anselm Grüns Buch der Antworten*, editado por Anton Lichtenauer

Direitos de publicação em língua portuguesa – Brasil:
2008, Editora Vozes Ltda.
Rua Frei Luís, 100
25689-900 Petrópolis, RJ
www.vozes.com.br
Brasil

Diretor editorial
Frei Antônio Moser

Editores
Aline dos Santos Carneiro
José Maria da Silva
Lídio Peretti
Marilac Loraine Oleniki

Secretário executivo
João Batista Kreuch

Editoração: Dora Beatriz V. Noronha
Diagramação: AG.SR Desenv. gráfico
Capa: Omar Santos

ISBN 978-85-326-3633-1 (Brasil)
ISBN 978-3-451-29630-7 (Alemanha)

Editado conforme o novo acordo ortográfico.

Este livro foi composto e impresso pela Editora Vozes Ltda.

Sumário

Prefácio, 7

I. O que desejo? Como encontro a felicidade?, 11

II. Que valor tenho eu? Sou livre?, 59

III. Em que posso confiar? A fé faz sentido?, 101

IV. Onde está Deus? Posso senti-lo?, 121

V. Como devo proceder? Pelo que sou responsável?, 169

VI. O que me faz amadurecer? O que me consola?, 211

VII. O que posso esperar? Tudo será bom?, 239

Índice analítico, 275

Índice geral, 287

Prefácio

Os teólogos não só são censurados por darem respostas sem conhecer os reais problemas das pessoas, mas também e sobretudo por darem respostas que já não interessam em absoluto às pessoas de hoje. Isto transparece bem claramente na afirmativa de certos cristãos evangélicos (de todas as denominações) de que Jesus é a resposta para todas as perguntas: "Jesus é a resposta. Mas, para qual pergunta?"

Quem sempre recebe apenas respostas a perguntas que ele não fez logo fechará seus ouvidos. Mas também é só quem sabe formular corretamente a pergunta que consegue obter respostas que podem auxiliá-lo. Numa discussão, percebemos sempre que aquele que faz as perguntas apropriadas faz o diálogo avançar e, em geral, contribui para a solução de um problema.

A resposta depende sempre da pergunta e, no início de todo raciocínio, está o querer saber, a curiosidade, estão as perguntas. Os filósofos veem nesse procedimento a arte da parteira (maiêutica) de encontrar a verdade. Sócrates, por exemplo, conduzia sua filosofia perguntando sempre de novo e sempre mais fundo o que as pessoas realmente queriam e pensavam e como entendiam sua vida. Martin Heidegger, na época moderna, definiu inclusive toda a existência humana a partir desse impulso: ela pode – e deve – perguntar. Central para este filósofo é a pergunta sobre o sentido do ser simplesmente. A pessoa necessita colocar-se esta pergunta sobre o sentido do ser. Só então pode perguntar sobre o sentido das coisas individuais, sobre o sentido do sendo, conforme a expressão de Heidegger. O teólogo alemão Karl Rahner assumiu o ponto de vista de Heidegger e sua doutrina filosófica. Diz assim: "A pessoa pergunta sempre e porque precisa". A antropologia filosófica vê pois a atitude específica do ser humano como a de alguém que pergunta, e que tudo ao seu redor lhe parece questionável.

Não só os grandes pensadores desde a Antiguidade até o presente se colocaram perguntas sobre o sentido do todo, mas também toda pessoa que raciocina sempre se coloca as perguntas: "Quem somos? Donde viemos? Para onde vamos? O que esperamos? O que nos espera?" Todas essas perguntas nos colocam numa relação conosco mesmos, com os outros e com Deus. E só quando procurarmos uma resposta a elas, que vão abrir-se para nós de forma nova essas relações e o sentido que nelas se encontra.

Neste livro não tratarei de perguntas fictícias. Ao dar uma conferência, sempre deixo uma ocasião também para debate. Às vezes são poucas as perguntas, mas às vezes são muitas e bem focadas. Nelas percebo o que mexe com as pessoas. Certas perguntas voltam sempre de novo. Muitas vezes bem diretamente, às vezes escondem-se atrás de aparentemente outros problemas. São perguntas de pessoas bem normais, mas são as "perguntas-mestras" referentes a todos os grandes temas da vida. São perguntas para as quais nenhuma ciência, por mais especializada, possui uma resposta tecnicamente segura. Apesar disso nos incomodam, não nos deixam em paz. Essas perguntas provêm de jovens, de pessoas de todas as condições de vida. Espero que, com minhas respostas neste livro, consiga acertar também as perguntas do maior número possível de leitores e leitoras.

Pelo fato de não se tratar de perguntas científicas nem de respostas objetivamente comprováveis, minha resposta pessoal é sempre subjetiva, a partir de minha experiência de vida. E eu a dou naturalmente com base na teologia como eu a estudei. Mas eu procuro sempre também dar a mim mesmo uma resposta satisfatória, uma resposta que eu mesmo entenda e à qual eu possa responder antes diante de mim, de minha razão e de minha fé.

As perguntas com as quais sou confrontado me levam também a pensar. Não sei a resposta de antemão. Mas à medida que me esforço por respondê-las, minha própria reflexão é estimulada. E às vezes posso experimentar com gratidão que surgem dentro de mim respostas que eu mesmo antes desconhecia, que foram provocadas pelos perguntadores.

Espero que as respostas que dou a perguntas neste livro possam incentivá-lo(a), prezado(a) leitor(a), a refletir pessoalmente e procurar por respostas que daria de fato às suas perguntas mais profundas. Talvez as perguntas ou as respostas deste livro provoquem em você novas perguntas. E são provavelmente essas perguntas que são as mais importantes para você e de cuja resposta depende o êxito de sua vida. Acredite nessas perguntas que lhe surgem. Procure responder a si mesmo(a), com base nas perguntas apresentadas no livro, na confiança de que o Espírito Santo atua em você e concede o que lhe pode trazer a paz em suas perguntas e dúvidas.

I

O que desejo?
Como encontro a felicidade?

1
A felicidade é sempre apenas um instante?

A felicidade significa vida bem-sucedida. Sobre isso é mais fácil conseguir unanimidade do que sobre a questão de como é possível uma felicidade duradoura. É tudo apenas uma questão de estilo de vida? Um questão de postura? Ou das circunstâncias – como acham alguns? "A intenção de que o ser humano seja feliz não está no plano da criação", afirmou o fundador da psicanálise Sigmund Freud. Mas existe sim uma vida bem-sucedida, e disso tenho experiência. Não é só experiência minha, mas também de muitas outras pessoas. Felicidade significa também estar "de bem", de acordo consigo mesmo. Mas também é certo que a felicidade absoluta está vedada a nós seres humanos. O que experimentamos é sempre apenas uma felicidade relativa. A felicidade absoluta, dizem-nos os teólogos em seus escritos, nos espera somente após a morte, no céu. Em nosso dia a dia, a felicidade é sempre atacada e ameaçada. Não podemos de forma nenhuma tê-la no sentido de "possuí-la". Só raras vezes conseguimos experimentar um momento de felicidade absoluta. Nesses momentos, somos totalmente unos conosco mesmos e com todas as pessoas, com o mundo e com o fundamento último da realidade. No momento em que temos essa experiência, nada falta. Mas pode ser que no instante seguinte já nos sintamos de novo dilacerados. Algo vai mal em nossa vida, e já não nos sentimos tão felizes assim. Apesar disso, quem experimentou a felicidade é fortalecido por essa experiência. E aquele que está normalmente bem consigo mesmo vai suportar uma crítica de fora ou uma fatalidade de forma diferente do que aquele que está sempre descontente consigo mesmo. Mas, mesmo aquele não ficará em estado de celeste harmonia, quando, por exemplo, lhe for tirado pela morte um ente querido. Também ele ficará abalado por tal infortúnio; vai sentir-se tremendamente infeliz. Mas se não se fechar nesses sentimentos e encarar esta dor, vai sentir dentro de si, apesar de tudo e mesmo que experimente os altos e baixos da vida, uma melodia suave e profunda de felicidade. Às vezes ela é suplantada pelo barulho de outras melodias;vão aparecer dissonâncias que atrapalham a melodia. Mas no silêncio e na tranquilidade podemos entrar novamente em contato com esta melodia básica da felicidade em nosso coração. E podemos ter a esperança de que a melodia básica da felicidade vai perpassar sempre mais todos os campos de nosso corpo e de nossa alma.

Mesmo que haja uma compreensão intuitiva de felicidade – o que é felicidade em sentido próprio e mais profundo, essa questão mexeu com os pensadores de todos os tempos. Levou à distinção entre uma compreensão de felicidade como acaso/volúvel, e a compreensão de felicidade que corresponde ao anseio mais profundo do ser humano. Nós também distinguimos entre uma felicidade de bem-estar material, que é sentida quando tudo vai bem exteriormente, quando se é reconhecido e se tem sucesso, e uma felicidade que vem de dentro. Esta última significa que a pessoa está em sintonia consigo mesma. Se isto vai acontecer, não é um caso "admitido" simplesmente, depende sempre de se eu vou trabalhar em mim mesmo(a), se vou decidir-me a me aceitar incondicionalmente como sou, se vou dar adeus às ilusões atrás das quais corri até agora. Essa segunda felicidade é expressão de uma atitude de vida, pela qual eu devo decidir pessoalmente e que nem sempre vai ser fácil.

A filosofia estoica vê a felicidade perfeita do ser humano na submissão total à vontade de Deus. Para Epicteto, importante representante da filosofia estoica, que influenciou inclusive vários pensadores posteriores, o ser humano precisa aprender a desejar as coisas que estão a seu alcance. Ele escreveu: "Não te esforces para que as coisas aconteçam como desejas, mas deseja os acontecimentos como acontecem, e terás uma vida feliz". E em outra passagem: "Levanta finalmente tua cabeça, como um homem liberto de sua escravidão; atreve-te a levantar teu olhar para Deus e dizer-lhe: faça de agora em diante segundo tua vontade; meus pensamentos são teus. Sou teu. E não recuso nada daquilo que te parece bom; leva-me para onde queres; veste-me com o manto que te agrada". Isto soa muito bonito. Mas poucas pessoas estão prontas para tal atitude. Os autores cristãos que seguem Epicteto falam que será feliz a pessoa que se entregar totalmente a Deus, que se tornar um com a vontade de Deus e que reconhece em tudo o que acontece o amor de Deus. Mas também isto não é fácil de conseguir. É o objetivo do caminho espiritual. E um caminho tem sempre também algo de processual. Nem sempre ele se define pelo traçado mais certo e mais fácil. Podem estar ligados a esta disposição da autoentrega elementos ativos e esforço pessoal e de exercício. Por isso são poucos os que podem afirmar de si que estão sempre à disposição de Deus e totalmente de acordo com aquilo que lhes concede e confia e, assim, são felizes, não importando o que aconteça de fora.

2
Devo procurar minha felicidade ou ela vem a meu encontro?

Somos plenamente capazes de trabalhar em nossa felicidade. Em geral ela não nos é concedida de mão beijada, mas naturalmente existem também acasos felizes. Os gregos chamam isto *eutiqué*. Isto significa: o destino me é favorável, quando eu ganho, por exemplo, na loteria. Mas essa forma de felicidade é, para os gregos, apenas a inferior. A verdadeira felicidade consiste na *eudaimonia*, na boa relação com seu *daimon*, com o acompanhante interior da alma, com a semente divina que todos trazem em si. E nesta boa relação é possível trabalhar. Através da contemplação entra-se em contato com a alma, portanto com o plano da realidade em que Deus imprimiu sua marca no ser humano.

A felicidade é a expressão de vida realizada. Trabalhar na felicidade significa, pois, viver conscientemente, viver com todos os sentidos, empregar a força que existe em mim e dedicar-me a uma tarefa ou a uma outra pessoa. Mas não é possível produzir uma felicidade como se fosse uma liberação de hormônios de felicidade que causam emoções positivas no cérebro. Pode ser uma sensação momentânea, mas que não dura. Não existem métodos rápidos de tornar-se feliz. A felicidade que pretende ser duradoura exige uma atitude interior.

Erasmo de Roterdã denomina o cerne da felicidade como: "querer ser aquele(a) que se é". Isto não é tarefa fácil, exige muito trabalho interior. Isso significa: tenho de despedir-me das ilusões que fiz a meu respeito, da ilusão de ser perfeito(a), de ser o(a) maior, mais inteligente e mais bem-sucedido(a). Significa também: não só me reconcilio a duras penas com quem eu sou, mas digo "sim" a mim mesmo(a). Quero ser quem sou. Estou de acordo comigo e com minha vida. Não gostaria de ser outra pessoa. Paro então de me comparar com as outras pessoas e de olhar com inveja para aquelas que possuem mais do que eu. Eu sou eu mesmo(a). De todo coração, quero ser quem sou. Isso exige uma mudança de atitude. E isso não acontece com facilidade e rapidez como num passe de mágica. O conhecimento da necessidade de nossa própria atitude custa muito empenho, pois ele melindra nossa autoestima grandiosa e abala nossa concepção narcisista da vida.

Hoje em dia há muitos conselheiros que, em troca de muito dinheiro, oferecem cursos e acompanhamento individual. A grande procura diz algo das esperanças e da necessidade de ajuda das pessoas. Mas nem o melhor técnico consegue dar-me uma receita eficaz para obter a felicidade, pois seu caminho está dentro de mim. E se eu não estiver disposto a abandonar certas ilusões como por exemplo: que minha vida é perfeita, que sou o(a) melhor, que tudo comigo tem êxito, então todos os cursos que me prometem como alcançar a felicidade de nada adiantam. Só o conselheiro que me ajuda a entrar em sintonia comigo mesmo(a), com o meu ser, pode ser um auxílio no caminho para o objetivo. Mas nem ele pode garantir-me a felicidade.

Depende sempre de minha decisão se sou feliz. E, em última análise, sempre tem de haver um pouco de humildade, a disponibilidade de aceitar a minha limitação. Todos os grandes discursos de como alcançar a felicidade só levam à decepção ou a uma curta euforia, que cedo dará lugar à desilusão.

Podemos, sem dúvida, procurar consciente e ativamente a felicidade. Todas as filosofias foram, em última análise, a busca de felicidade. Os filósofos indicaram sempre caminhos de como podemos encontrá-la, mas esses caminhos nos desafiam totalmente como pessoas. Há necessidade de duas coisas: o esforço do pensamento para saber o que é realmente felicidade, e o caminho de treino, que sempre passa pelo encontro com a própria verdade, para que possamos sentir-nos – não sempre, mas muitas vezes – bem felizes.

Algumas pessoas acham que não procuraram a felicidade; foi ela que as encontrou. Isso é bem possível. Mas também pressupõe uma certa atitude interior de abertura e de agradecimento. Quando eu aceito agradecido aquilo que me vem de fora, a felicidade muitas vezes me encontra, mesmo que não a tenha procurado ou, mesmo, a tenha postergado. Mas pelo fato de viver numa atitude de agradecimento, sou capaz de perceber a felicidade que me procura, usufruí-la com gratidão e encontrar uma satisfação interior muito grande.

3
A satisfação é o mais importante?

Empregamos o conceito *satisfação* de diversas maneiras. Dizemos que uma pessoa está satisfeita quando está em paz consigo mesma. Essa condição se parece com a felicidade: estou de acordo comigo, em paz comigo e com tudo o que há dentro de mim. Esse tipo de satisfação está em estreita união com o agradecimento. Sou agradecido pelo que tenho e pelo que sou. Estou em sintonia com aquele que me criou assim como sou. E sou grato a ele pelo que me atribuiu e concedeu em minha vida.

Mas satisfação também pode ser uma atitude em que a gente se dá por satisfeito(a) muito depressa. Temos então a atitude do estar saciado, das pessoas autossatisfeitas, que não deixam mais nada penetrar nelas. Chega-se assim à saturação total da pessoa. Essas pessoas autossatisfeitas se fecham contra qualquer crítica. Tem-se a impressão de que elas sabem tudo melhor do que os demais. Não conseguem mais se entusiasmar por nada e não se deixam questionar por coisa nenhuma.

E, finalmente, há pessoas que se dão por satisfeitas com o que conseguiram, porque já não possuem ânimo para ir adiante e acreditar em sua vocação ou força. Isso seria mera resignação, que não traz felicidade, mas, ao contrário, puxa para baixo. Isto seria uma equiparação com a “infelicidade sem desejos”. Peter Handke descreveu esta atitude em sua mãe, que se entregou quase fatalisticamente à sua penúria psíquica. Pessoas que vivem em tal resignação, sem desejo e sem vontade de mudar, fecham-se na pequena realidade que elas conhecem. Desaprenderam o admirar-se e a esperança. E por isso não estão abertas ao grandioso que Deus confia aos seres humanos – mesmo em tempos que vistos de fora não parecem tão exuberantes e “róseos”.

4
Pode-se ser feliz, mesmo quando a vida nos reserva algo difícil?

Jesus mostrou-nos nas oito bem-aventuranças um caminho óctuplo para a verdadeira felicidade. Ele chama bem-aventuradas as pessoas que choram, que sofrem perseguições, que são pobres, que precisam sofrer injustiças. Portanto, o caminho da verdadeira felicidade não passa ao lado das experiências negativas de nossa vida. Na Montanha das Bem-aventuranças, Jesus enfoca nossa vida como ela é e nos aponta um caminho de como, apesar de tudo, podemos ser felizes na realidade muitas vezes ameaçadora do mundo. Gostaria de destacar apenas duas bem-aventuranças que comprovam isto. Na segunda bem-aventurança, Jesus promete aos que choram que serão consolados. A vida não é sempre apenas feita de sucesso e felicidade exterior. Nós perdemos pessoas queridas. E nós perdemos várias oportunidades. Quem não lamenta as experiências de perda em sua vida seca interiormente. Verdadeira alegria só sente quem sabe também vivenciar o sofrimento. Quem reprime todos os sentimentos negativos também não terá parte nas alegrias.

Isto vale também para a relação conosco mesmos que é tão importante para o caminho da felicidade: mesmo que alguém reconheça suas deficiências e fraquezas e as chore neste sentido, sentirá nisso o amparo de Deus. Ele vai ajudá-lo para que através da deficiência entre em contato com sua verdadeira natureza: o que não consigo vivenciar será evocado pela lamentação e choro. Virá de outro lado novamente a meu favor.

Outro caminho ainda nos mostrou Gregório de Nissa, o místico grego do século IV. Ele interpreta a bem-aventurança de Jesus daqueles que sofrem perseguição por causa da justiça a partir da imagem da competição esportiva. Quando corro com outros esportistas, eles me perseguem e me forçam a chegar mais rapidamente à meta. O segredo da vida – assim pensa Gregório – está em que mesmo o adverso e o mau, portanto a doença, a necessidade, a morte, o ódio e hostilidade de fora não nos podem prejudicar, quando os entendemos à luz dessas oito bem-aventuranças. Até mesmo uma doença nos pode motivar a recorrer a Deus, nossa verdadeira meta. Nem a perseguição de pessoas más pode impedir nossa verdadeira felicidade que nos espera ao fim de nossa caminhada. Isso não é uma esperança para o depois. Mas essa bem-aventurança nos mostra que, apesar de tudo, podemos encontrar um caminho para a felicidade na realidade de um mundo que nos ameaça e persegue. Quem fala de felicidade não fala de prazer e diversão superficial. Não é uma felicidade barata e efêmera em que nós gravitamos em torno de nós mesmos e evitamos tudo o que é negativo no mundo, mas uma felicidade que seja possível na realidade, assim como ela se nos apresenta.

5

Como é que a religião proíbe tanta coisa que dá prazer?

A religião quer mostrar caminhos às pessoas de como podem ser felizes a longo prazo. E parte do princípio de que o ser humano só será feliz se viver segundo sua natureza e em sintonia com Deus. Algumas pessoas tendem para o prazer momentâneo, mas muita coisa que causa esse prazer também pode estragar a longo prazo a alegria e a satisfação. Pode-se também ficar sob a pressão de ver divertimento em tudo.

Divertimento é algo diferente de alegria. A alegria alarga o coração da pessoa e lhe faz bem. O divertimento dispersa e por isso não tem, a longo prazo, função curativa. A questão é como o ser humano pode encontrar a verdadeira alegria. E isto é precisamente o tema de muitas religiões.

Na verdade, há em todas as religiões tendências que veem no prazer e na sexualidade algo negativo. Mas isto certamente não corresponde à espiritualidade judaica nem cristã. O Antigo Testamento canta o prazer da união sexual entre homem e mulher como o maior presente que Deus concedeu ao ser humano. A Igreja primitiva adotou essa espiritualidade com acento no prazer. Mas houve também a influência da visão maniqueísta, hostil ao corpo, e que obnubilou uma parte da visão cristã.

É importante que vejamos de novo a valoração positiva do prazer, da alegria e da satisfação que a Bíblia nos oferece. Contudo a Bíblia também sabe que nossa relação com o prazer e com a sexualidade é também frágil. A sexualidade pode encantar, mas também pode machucar. E há pessoas que sofrem hoje devido a isso, não porque a Igreja lhes proíba a sexualidade, mas porque nela encontraram feridas profundas. Por isso a espiritualidade sadia quer descrever a vida como ela é. Não deseja colocar o sofrimento no ponto central, mas também não o exclui. Pois só quando considerarmos nosso desejo de prazer e felicidade sob o pano de fundo de nossa existência muitíssimas vezes frágil, encontraremos o caminho para a verdadeira felicidade, sem fechar os olhos diante daquilo que a ameaça continuamente.

O cristianismo fala da alegria indestrutível que não pode ser desfeita nem por adversidades. João Crisóstomo, um Padre da Igreja do século IV, pergunta num sermão como é possível alegrar-se sempre. Enumera muitas coisas que impedem nossa alegria como a perda de entes queridos, o fracasso no casamento ou a perda da saúde. E, então, nos mostra o caminho para a alegria constante: "Quem se alegra no Senhor não pode ser privado dessa alegria em hipótese alguma. Tudo o mais pelo que nos alegramos é transitório, fugaz e facilmente sujeito a mudanças".

Os sábios de todas as religiões desenvolveram caminhos na reflexão de sua própria vida, de como a vida pode ter êxito. Há concordância – para além de toda diferença cultural e de época – que ascese e felicidade não são opostas. Não devemos desanimar quando a religião ou alguma lei não nos permite determinada coisa, mas ter a atitude do que deseja ser feliz de modo durável. Hildegard von Bingen disse certa vez que a disciplina é a arte de se poder alegrar sempre. Quando comemos um pedaço de bolo, podemos alegrar-nos com isso. Mas quando já estamos no quinto pedaço, então não existe mais real prazer, e sim uma dor na consciência e sentimento de frustração de que não conseguimos o autodomínio, e a certeza de que o estômago provavelmente reclamará.

Fé e razão deveriam andar juntas. Isto não vale apenas para a estrutura intelectual da religião, mas também para a práxis de vida e pregação moral. E se houve na história do cristianismo muitas exigências feitas em nome da religião, mas que na verdade brotaram de um coração frustrado e infeliz, há que usar sempre esta razão para julgar se as exigências visam realmente à felicidade a longo prazo ou se desejam impedi-la.

A felicidade que alguém me proporciona, a felicidade que sinto na vida realizada, uma vivência feliz pela contemplação da beleza de uma obra de arte ou da criação, tudo isso tem sempre também um horizonte maior. Em tudo isso há enfim uma dádiva de Deus. Em toda felicidade está a promessa de uma felicidade indestrutível e permanente. E só quando as experiências de felicidade acontecerem à luz dessa promessa, posso usufruí-las total e plenamente, sem medo de que me serão tiradas. A felicidade aparente pode ser passageira. Mas a promessa que sei existir nela não passa. Ela se realizará. Um motivo de gratidão – já agora.

6
O que traz a gratidão como atitude de vida, quando existe tanta coisa ruim?

Gratidão tem muito a ver com reflexão, pensamento. Quem pensa, reconhece o quanto deve ser agradecido todo dia pelo que recebe, também pelas coisas pequenas: o presente de um olhar amigo, um feliz encontro, uma boa palavra que toca o coração e conforta. O filósofo romano Cícero qualificou a ingratidão de falha grave. Para ele, a gratidão é a atitude mais importante do ser humano. Ela é o pressuposto da *concordia*, da harmonia entre as pessoas e da consonância dos corações. Segundo ele, a falta de gratidão ameaça a *humanitas*, a condição humana. Por isso, muitos pensadores chamaram a ingratidão de um dos pecados mais fundamentais. O Talmud diz que a ingratidão é mais grave do que o furto. E Johann Wolfgang Goethe acha: "A ingratidão é sempre uma espécie de fraqueza. Nunca encontrei nenhuma pessoa competente que fosse ingrata".

Quando refletimos sobre nós mesmos, reconhecemos que ninguém é uma ilha. A gratidão constitui o ser humano, porque nessa atitude de nosso relacionamento existencial ficamos conscientes de nós, sentimos a vinculação com os outros e reconhecemos que não vivemos sozinhos. Isto vale para nossa relação com as outras pessoas nas quais encontramos nossa referência e sem as quais não poderíamos viver. Mas vale também para nossa relação com Deus, que é a razão última de nosso existir. A gratidão é a oração mais profunda, disse certa vez o monge beneditino David Steindel-Rast.

O ingrato não é verdadeiramente pessoa, porque não consegue perceber e vivenciar possibilidades positivas importantes. Cícero está convencido de que só pessoas agradecidas podem travar amizades e viver em comunhão mútua. Pessoas ingratas são pessoas desagradáveis. Com elas é preferível não se ter a nada a tratar. Na proximidade de pessoas ingratas, a gente se sente mal. Tem-se a impressão de que nunca se pode satisfazê-las. E, então, é melhor ficar longe, pois delas sai uma força negativa e destrutiva. Essa pessoa impede a consonância dos corações. Não consegue festejar e é incapaz de ter alegria. Não é possível causar alegria a elas; são insaciáveis e sempre insatisfeitas. Com pessoas sem compreensão não é possível haver bom entendimento. Quem não sabe ou não quer pensar não vive de verdade. A gratidão dá à vida um sabor maravilhoso.

A gratidão transforma minha vida. "Quem começa a agradecer, começa a perceber a vida com novos olhos" (Irmela Hofmann). Albert Schweitzer dá o seguinte conselho: "Quando você se sentir fraco, esgotado e infeliz, comece a agradecer, para que a situação melhore para você". Se eu encarar minha vida com gratidão, o escuro se tornará claro, e o amargo receberá um gosto agradável. A gratidão me previne do desânimo e do azedume e me aproxima sempre mais de Deus. Conta-se de São Filipe Néri que ele dizia à noite a seguinte oração: "Senhor, eu vos agradeço o fato de hoje as coisas não terem corrido como eu quis, mas como vós quisestes". Quem olha para o dia que passou com essa atitude de aceitação – que contém ao mesmo tempo bom humor e uma relativização da perspectiva do eu – este não se aborrece e não cai na tentação da autossatisfação, mas para ele tudo será fonte de alegria e paz.

Há que lembrar dois mal-entendidos. O primeiro: a gratidão não é um dever que se pode exigir dos outros, e gratidão não significa que eu agradeça todo o mal que há no mundo. Devemos ver as coisas ruins como ruins. Não devemos dar a elas nenhum poder sobre nós. E muitas vezes precisamos também combatê-las. A gratidão não ignora o mal. Mas também não se fixa nele; ela vê muitas vezes neste mundo, sempre tão imperfeito, também as coisas boas que nos acontecem todo dia. Ela vê o todo da realidade e alarga nosso campo perceptivo. E dessa maneira abre nossos olhos para o dom que a vida já é em si. Somos gratos por podermos levantar com saúde todos os dias, por respirarmos, por sermos totalmente nós mesmos, por encontrarmos pessoas que nos dão atenção. Mas a maior felicidade está, sem dúvida, no fato de que nós, seres humanos, podemos tornar-nos um com Deus e estar em seu amor.

7
Por que correr atrás do amor, se ele é tantas vezes caótico e aflitivo?

Toda pessoa deseja amar e ser amada. Esse desejo está tão profundamente arraigado no coração humano que não é possível arrancá-lo de lá. Quando estamos enamorados, sentimo-nos como que enfeitiçados. O amor não levou apenas a grandes amizades humanas e a casamentos felizes, mas também à produção de maravilhosas obras de arte na literatura, na música e na pintura. Sem o amor, a vida seria essencialmente mais pobre. Naturalmente temos também a experiência de que o amor nos pode escorrer por entre os dedos e que em parte nenhuma ficamos tão profundamente feridos como no amor. Mas tudo isso não depõe contra o amor. Quando perguntamos por ele, trata-se de outra coisa: trata-se da questão de como fazer para que o amor dure e como amar para que não termine em caos e em ferida. Para que o amor dure, não se deve confundi-lo com sentimento. O amor não é estar enamorado(a) eternamente. Tenho de transformar o enamoramento em amor, que aceita a outra pessoa como ela é. Muitas vezes sobrepomos à outra pessoa as nossas próprias imagens e desejos e, então, amamos mais a imagem que dela fazemos do que ela na realidade é. Amar a outra pessoa como ela é não é fácil. Exige renúncia a todas as ilusões que nos fizemos a respeito dela. E exige também a renúncia à ilusão de que o amor é sempre um sentimento maravilhoso. Muitas vezes é apenas fidelidade. Isto é mais do que só suportar a pessoa. Significa dizer sim a ela em sua mediocridade e banalidade. E amor não é felicidade sem fim. Não existe amor sem sofrimento. No amor, eu me abro à outra pessoa e, com isso, me torno vulnerável. Sem essa abertura, o amor seria impossível. No amor mútuo, aprendemos a nos conhecer nos ferimentos que a vida nos causou. O amor pode ferir, mas ele também pode curar essas feridas.

Quando o amor revela em nós a ferida, pensamos, não raras vezes, que a outra pessoa nos machucou. E nós lhe pagamos na mesma moeda, ferindo-a também. Assim surge um círculo vicioso de ferimentos mútuos que não aprofundam o amor, mas o destroem. Quem envereda pelo caminho do amor deve saber que é um caminho na verdade, um caminho em que se revela a minha própria verdade e da outra pessoa. O reconhecimento da verdade é o realmente doloroso. Mas o amor é também a chance de curar essa ferida. Quando eu me aceito com minhas feridas e não condeno a outra pessoa por causa de seus ferimentos, mas a amo exatamente como ela é, então o amor pode curar as minhas feridas e as dela também.

8
O amor a Deus e o amor entre as pessoas humanas é o mesmo?

O amor a Deus e às pessoas toca em nós nos mesmos sentimentos. Apesar disso, há diferenças. Os gregos não tinham apenas um termo para amor, mas três, que nos dão a entender melhor a relação entre amor a Deus e amor ao ser humano.

Um termo era *eros*, voltado para o desejo do corpo, que poderíamos chamar de concupiscência. Sentimo-nos atraídos pela outra pessoa. Os gregos representavam *Eros* como um garoto com arco e flecha, que disparava suas setas de amor. Quem fosse atingido pela seta de *Eros*, ficava eternamente enamorado da outra pessoa. Quer possuí-la a qualquer custo e tornar-se um com ela.

Filia é amor de amizade. É o amor que se alegra com o(a) amigo(a) assim como ele(a) é. Está a seu lado. Os gregos cantavam sempre e sem cessar o louvor à amizade. O amor de amizade era para os gregos um alto valor.

Enfim havia o *agape*. É o amor a Deus, ou também o amor puro ao ser humano. É uma fonte de amor que deseja simplesmente fluir. A experiência que fazemos com o amor humano é constituída sempre de realização e desengano. Mas tanto a realização quanto o desengano apontam para a fonte de um amor que é mais profundo do que o amar e ser amado. De repente, sentimos que não só amamos e somos amados, mas *somos* ao mesmo tempo amor. Há em nós uma fonte de amor que simplesmente flui. O amor perpassa nosso corpo. Ele flui para as pessoas, para a criação toda – para as plantas e animais em torno de nós, para tudo que nos cerca. Não precisamos forçar-nos a amar esta ou aquela pessoa. O amor está simplesmente aí. Desse amor vale o que diz a Primeira Epístola de São João: "Deus é amor. E quem permanece no amor permanece em Deus, e Deus nele"(1Jo 4,16). É um amor divino. Mas este amor não flui só para Deus, mas também para todos os seres.

Por mais que *eros*, *filia* e *agape* sejam diferentes, eles se completam mutuamente. O *agape* se nutre do *eros* e da *filia*. E o amor de concupiscência e de amizade precisa sempre alguma coisa da fonte divina do amor inesgotável que nos vem de Deus.

O amor a Deus e à pessoa humana não é uma oposição. Não preciso decidir-me se vou amar a Deus ou às pessoas. Ao contrário, amo mais a Deus quando amo também as pessoas. E vale também: quando amo realmente uma pessoa, experimento nisto como profundeza desse amor também o amor a Deus, que é o único que pode satisfazer para sempre meu desejo mais veemente de amor. É uma experiência que dá novo brilho também à rotina de cada dia.

9
Que possibilidades existem para fugir da banalidade e da rotina de meu dia a dia?

A meu ver, existem dois caminhos para evitar a banalidade e a rotina do dia a dia.

O primeiro caminho consiste em tomar, às vezes, uma distância também física da agitação do dia a dia. Posso retirar-me para um lugar tranquilo. Posso sentar-me no meu cantinho de meditação e meditar em paz. Posso ir a uma igreja e lá ficar apenas em silêncio ou assistir a algum culto divino. Procurar um outro lugar assim é, num sentido mais amplo, uma nova qualidade. Esses são para mim também tempos sagrados. Sagrado é aquilo que é subtraído ao mundo. O tempo sagrado é de Deus e meu. Ali as exigências do dia a dia não têm poder sobre mim. Aí não me determinam os prazos, as pessoas, nem suas expectativas. Aí posso respirar e ser eu mesmo(a). Tais lugares sagrados e tempos sagrados são necessários para mim, para que eu não seja tragado pela alienação, não seja sufocado pela sobrecarga, mas entre sempre de novo em contato com minha verdadeira natureza que está desobrigada do dia a dia. Lá onde está meu verdadeiro si-mesmo, ali também está Deus em mim. Ele é sempre aquele que me liberta da rotina do cotidiano e do poder das pessoas.

O segundo caminho consiste, para mim, em dizer *sim* à banalidade e rotina de meu dia a dia e descobrir o especial que existe no que parece normal. Meu dia a dia tem muitas vezes o mesmo decurso. Levanto sempre no mesmo horário. Executo o mesmo trabalho. E este nem sempre é interessante. Mas quando digo sim à medianidade de meu dia a dia, ele se torna para mim um campo importante de exercício espiritual. Pois nele exercito a fidelidade: a fidelidade a mim, às pessoas e a Deus. Ali exercito a abnegação. Nesse trabalho eu me dedico às pessoas para as quais aqui estou. Então meu dia a dia não fica vazio, mas é um lugar em que exercito e torno realidade o meu amor. Terei então também encontros que me trazem alegria. E, de repente, o vazio se torna cheio, o banal se transforma em santificado e a rotina é quebrada pelas surpresas divinas nas quais irrompe em meu dia a dia o indispensável do amor de Deus.

10
Como posso ter alegria de viver em meio às agruras de cada dia?

Também aqui vejo dois caminhos. O primeiro passa pelos rituais. Estes – religiosos ou não religiosos – ordenam a realidade, ativam a força, criam sentido e me dão o sentimento de que eu mesmo(a) vivo, em vez de ser vivido(a). A gente deveria tomar tempo para isso. Eu mesmo tenho vontade de começar o dia assim, tomar tempo para minha oração e meditação. Não faço isto por sentimento de dever, mas porque mereço dar a meu dia um toque especial. E, através do ritual, sinto prazer e recebo força de viver este dia: gravarei neste dia meu rasto de vida. Não preciso simplesmente satisfazer apenas expectativas para suportar as agruras. Eu dou forma a este dia. Eu vou ajudar com meu ser a dar um pouco de forma a este mundo e enchê-lo de amor. Isto me dá prazer na própria vida, tenho alegria de viver. Os antigos dizem: pelo fato de minha vida ser uma festa constante, dou a ela uma forma adequada nos rituais. Isto também significa: tenho prazer em projetar a minha vida.

O segundo caminho é não reprimir as agruras, mas também não vê-las como prensa que me esmaga ou me comprime. Vejo-as mais como desafios que eu me coloco para crescer. Assim como o esportista vê as dificuldades de uma disputa como desafio para tornar-se cada vez melhor, também eu gostaria de experimentar realmente o potencial que existe dentro de mim. E não tomo a dificuldade como algo estranho, imposto a mim. Tenho prazer em colocar pessoalmente a mão nela. Para mim é uma ajuda importante. Se eu, por exemplo, fizesse na administração só o que as outras pessoas de mim esperam, isto não teria muita graça para mim. Mas se eu mesmo desenvolver a ideia de como realizar o trabalho, eu também sou afetado pessoalmente. Essas novas ideias dão ao todo um sabor diferente: um sabor de prazer nas formas e modelos.

Naturalmente nem todos têm a possibilidade de planejar e determinar seu próprio trabalho. Mas como o fazemos, como hoje cumprimentamos as pessoas, com que humor entramos no escritório, isto é decisão nossa. E com isso podemos marcar este mundo e este dia. Em tudo o que nos é dado existem sempre, todo dia, vivências e experiências felizes que surpreendem e alegram o coração. E assim podem refletir-se sobre outras pessoas.

11
Meu tempo está partido por tantas reivindicações – Como posso organizá-lo?

Depende de como eu entendo o meu tempo. Se o vejo sobretudo como um monte de prazos, então vou senti-lo como partido. Os gregos empregavam para esta compreensão do tempo a palavra *cronos*. Ainda hoje falamos de cronômetro, medidor do tempo. Aqui se trata de minutos e segundos que são preenchidos por alguma reivindicação e expectativa que preciso cumprir. Cronos era para os gregos o deus bem primitivo, que engoliu seus filhos. Quando falamos hoje em dia de que o tempo nos devora, de que somos escravos do tempo, de que somos acossados pelos prazos, ressoa nisso aquele mito grego. E mesmo hoje achamos dramático: o tempo nos foge por entre os dedos e nunca é suficiente para fazer tudo o que deveríamos.

Mas os gregos conhecem ainda outra palavra para tempo: *kairós*. É o tempo bom, agradável, o instante em que estou totalmente aqui. Foi nesse sentido que Jesus falou do tempo. Lá onde o *kairós* entrou em cena, é bom tempo; ele é meu. Estou totalmente no tempo. Aproveito o instante atual. Estou totalmente entretido com o que faço, sem olhar para o relógio e sem perguntar o que me espera no minuto seguinte. Quem percebe e vive seu tempo assim não vai sentir-se partido, dividido. Sempre estará lá onde se encontra exatamente no instante em que está vivendo. Se eu viver assim, usufruirei do tempo. E, mesmo tendo muito o que fazer, não estarei partido ou acossado. Faço uma coisa após a outra. Mas, agora, neste exato momento, estou ocupado com aquilo que estou fazendo. E isto faço-o bem e até o fim.

Existem várias possibilidades de organizar bem o seu tempo. O primeiro modo é estar totalmente no momento atual, estar totalmente naquilo que estou realizando naquele instante. O segundo consiste numa boa ritmação. O tempo já está sempre ritmado em nossa experiência. As estações do ano dão ao ano seu ritmo, mas também a manhã, o meio-dia e a noite estruturam o tempo de cada dia. Quando me adapto ao bom ritmo do tempo, à estrutura prefixada do dia, isto me faz bem. Adaptar-se ao ritmo da vida é saudável. Cada um tem seu biorritmo. Se eu trabalhar constantemente contra este ritmo interior, vou sentir-me logo cansado e esgotado. Mas, se viver no ritmo de meu corpo e de minha alma, estarei em sintonia comigo. Não terei a impressão de estar partido e acossado. E o trabalho fluirá com facilidade. Mas não sou escravo do trabalho. Posso encontrar sentido na relação com aquilo que faço.

12
Como encontro a paz interior?

Cada qual procura a seu modo sua paz interior. A mim, pessoalmente, me ajuda quando estou em contato com o espaço interior, onde as exigências das pessoas não têm acesso. Neste espaço interior da tranquilidade há paz. Preciso apenas sentir para dentro e perceber essa paz. E não posso colocar de maneira absoluta as exigências que me são feitas por outras pessoas. As pessoas podem ter expectativas a meu respeito. Mas eu tenho a liberdade de reagir a elas. Eu decido quais expectativas realizar e de quais me afastar. Quando tenho essa liberdade interior, não serei agressivo com as pessoas que têm expectativas. Respeito suas exigências. Eu as compreendo: "Você pode fazer essas exigências, mas eu não posso e não quero cumpri-las. Eu faço o que acho correto". Muitas vezes, as pessoas têm medo de dizer não às expectativas de outras pessoas. Poderiam feri-las. Ou poderiam ser rejeitadas e não ser mais tão amadas. E assim se deixam sufocar muitas vezes pelas exigências. Não são as exigências os problemas, mas nossa reação a elas. Temos de conseguir novamente nossa liberdade interior. Podemos, então, lidar serenamente com as exigências.

Quando as pessoas são muito sobrecarregadas pelas exigências de seus pais doentes ou de seu chefe, costumo dizer: vá a seu chefe ou visite seus pais com a ideia: eu vou a um teatro. Eu assisto ao que meu chefe, minha mãe, meu pai vão representar. Mas eu não participo da representação. Não deixo que me atribuam nenhum papel. Se dessa maneira eu mantiver uma distância interior do que as outras pessoas representam, sem depreciá-lo nem condená-lo, posso reagir serenamente a isto. Sinto-me então livre. Não serei mau(má) para com a outra pessoa. Podem representar o que quiserem. Eu o permito de boa vontade. Mas eu mesmo(a) posso decidir-me pelo que quero: tenho a liberdade de não participar da representação. Ou tenho a possibilidade de assumir só os papéis que eu mesmo(a) gostaria de representar, e não aqueles a que os outros me querem forçar. Com esta atitude fico livre e não me torno escravo de exigências externas.

13
Tantas relações fracassam. Como têm êxito as relações?

As relações que não querem ser bem sucedidas estão expostas a contrariedades e conflitos. Isto é bem normal. Devido à pressão que pesa hoje sobre as pessoas, também as relações ficam afetadas. “O amor não se aprende”, diz Rainer Maria Rilke. Mesmo que não se possa talvez aprender o amor – mas lidar com as relações e crises de relações, isso é possível aprender. Mas também podemos vê-las de modo novo. O primeiro modo é que não se interprete os conflitos como se a relação em si tivesse fracassado. Por causa de um conflito, não sou questionado como pessoa. Os conflitos fazem parte; são chances de encontrar novas possibilidades em mim mesmo(a) e na outra pessoa. É importante também aguçar para isso a consciência de que são as expectativas altas demais que levam a contrariedades. Em toda relação, há fases de maior proximidade e maior distância. Quando a relação está difícil, talvez seja uma sugestão para manter uma maior distância e fazer algo para si, lidar bem consigo mesmo(a). Talvez a outra pessoa fique curiosa sobre mim e sobre meu desenvolvimento. Então fará alguma coisa também por si mesma. Mas quando sempre que a outra pessoa precisa trabalhar alguma coisa em si para que nossa relação dê certo, só conseguirei despertar nela oposição. E a relação ficará cada vez mais difícil.

Mas não só a distância é importante. Para que a relação fique viva, é preciso também procurar ou criar sempre espaços de aproximação que podem aprofundar a relação mútua. Espaços que fortalecem a união exatamente porque estão livres de solicitações de fora: profissão, filhos, preocupações cotidianas...

Para que as relações tenham êxito, precisamos, além disso, boas formas de comunicação e uma sadia cultura de discussão. Mas precisamos também de uma correta atitude para conosco mesmos e para com as outras pessoas. Não podemos esperar tudo dos outros. A outra pessoa não nos pode dar amor absoluto, proteção e compreensão absolutas. Os psicólogos dizem que devemos desmitologizar a relação de casal, que não se deve exagerar as qualidades a ela inerentes para que o amor amadureça. Algo absoluto só Deus o pode conceder. Quando elevamos a relação ao ideal e esperamos da outra pessoa algo como o paraíso na terra, nós a sobrecarregamos com nossas expectativas. Então a relação ficará cada vez mais difícil. Mas quando aceitamos com gratidão o que a outra pessoa nos oferece, em sua limitação de amor, segurança e compreensão, nossa relação fica descontraída. Reconhecemos naquilo que experimentamos na outra pessoa uma prova de amor absoluto. E assim a relação com a outra pessoa nos mantém vivos em nosso caminho para este amor absoluto que é Deus. Por isso, a relação com Deus é para mim uma grande ajuda para que a relação com as pessoas tenha êxito.

Outra ajuda para o êxito das relações é prestar atenção à outra pessoa e também ao diferente que há nela. É importante sempre colocar-se no lugar da outra pessoa, perguntar-se o que ela desejaria, de que sofre, por que é tão sensível, por que reage assim. Não posso referir tudo a mim pessoalmente. Seu comportamento diz alguma coisa sobre ela. E quando se torna difícil, terá sempre uma razão em sua história de vida. Se eu estiver disposto(a) a tal modo de ver, não me fixarei em seu comportamento. Procurarei ver o que há por trás, tentarei entendê-lo. Se eu o entender, posso reagir melhor a ele.

Em todos os limites que vejo nas outras pessoas, devo também acreditar no lado bom que há nelas. Só quando acredito no bem nelas, vai desenvolver-se nelas a semente do bem. Para isso posso contribuir ativamente. Minha fé no bem das outras pessoas cresce quando rezo por elas ou quando eu as abençoo. Na bênção, desejo a uma pessoa aquilo de que ela precisa para ficar em paz consigo mesma. Na oração, aprendo a ver a outra pessoa com novos olhos. E essa capacidade – de ver a outra pessoa com novos olhos – é decisiva para o sucesso de uma relação. Pois muitas vezes relações fracassam – não só no casamento, mas nas mais diversas uniões – porque não vemos a outra pessoa como ela é, mas porque só a percebemos através das lentes de nosso preconceito.

14
A verdadeira reconciliação também é possível mesmo no caso de ferimentos profundos?

Temos de distinguir entre a reconciliação que acontece dentro de nós e a reconciliação com as outras pessoas. Reconciliação, do latim *reconciliatio*, indica que a relação com a outra pessoa se torna novamente possível, que posso entrar de novo em bom entendimento com ela. A reconciliação como acontecimento dentro de mim é sempre possível. Posso reconciliar-me interiormente também com aquilo que me feriu profundamente. Não desejo nenhum mal à outra pessoa. Estou reconciliado com aquilo que ela me fez. Em mim algo se transformou. Aceitei o que se passou e o integrei em meu projeto de vida. E com isso houve uma transformação. Já não me aborrece. O objetivo da reconciliação é transformar a ferida dentro de mim numa pérola. Então ficarei livre também da irradiação negativa da outra pessoa.

Reconciliação com a outra pessoa não significa, porém, que aprecie sua proximidade. Devo aceitar também sempre os meus limites. Uma mulher que sofreu abuso por parte de seu pai já não consegue muitas vezes suportar sua presença. Às vezes, consegue confrontar o perpetrador com o ato praticado e então perdoar. Mas isso exige muitas vezes longo tempo. Uma mulher contou-me que acreditava haver perdoado seu pai. Mas na última visita teve de ignorá-lo; seu estômago se revoltou. Seu corpo lhe deu sinais de que a reconciliação precisava de mais tempo a fim de penetrar as partes de sua alma e de seu corpo.

Outra palavra que sempre ligamos à reconciliação é o perdão. No perdão, eu me liberto da energia negativa que ainda restou em mim devido ao ferimento. Se eu não perdoar a outra pessoa, fico ainda ligado a ela, e ela possui ainda poder sobre mim. O perdão é a libertação do poder da outra pessoa. Eu entrego a ferida, eu a deixo para ela. Livro-me disso. Solto as amarras que sempre me fazem girar em torno da ferida. O perdão faz parte da higiene da alma. E ele é sempre possível, mesmo que aconteça após um longo e doloroso processo.

Quando acontece a reconciliação com a outra pessoa, ela torna-se libertadora. Mas não devemos estressar-nos por causa disso. Às vezes o perdão significa também guardar uma salutar distância da pessoa que nos feriu para que a ferida não se abra de novo.

Na discussão sobre a soltura dos agentes criminosos da RAF, foi proposto algumas vezes que se poderia perdoá-los, se confessassem sua culpa. Mas o perdão não depende da confissão da culpa. Pois o perdão é algo que acontece dentro de mim. Livro-me daquilo que a outra pessoa me fez. E assim já não pode desenvolver em mim sua ação destruidora. Mas perdão não significa que eu desculpe tudo. Eu não esqueço o que aconteceu, porém, não dou poder ao que passou. O que o agente faz é responsabilidade dele. Se não reconhece sua culpa, certamente não poderá haver uma boa relação com ele. Perdão e reconciliação são uma oferta a ele. Mas depende dele se a aceita ou não. Contudo, não devemos fazer-nos dependentes de sua reação.

15
O que é mais importante: fidelidade a mim ou fidelidade às outras pessoas?

As duas coisas não podem excluir-se mutuamente. Em geral não constituem contradições. Para mim são importantes as duas coisas. Devo ser fiel a mim mesmo(a). Não posso deformar-me, mas viver em consonância interior, segundo meu verdadeiro si-mesmo. Se a fidelidade a uma outra pessoa for destruir esta fidelidade a mim, eu não conseguiria mantê-la.

Fidelidade a uma outra pessoa significa: você pode confiar em mim. Estou a seu lado assim como você é. Meu sim a você não está ligado a uma porção de ressalvas. Mas isto não quer dizer que eu me deixe desviar por você de meu caminho certo. Fidelidade a uma outra pessoa também não significa que me deixe arrastar por ela para o mal. Significa antes e bem mais: não levo na brincadeira nossa relação. Estou a seu lado, não deixarei que caia se descobrir em você algo que não me agrada. Confio em que possa reencontrar seu verdadeiro ser, se você dele se afastou. Normalmente, a fidelidade à outra pessoa também me faz bem. Ela me compromete, me dá firmeza e me forma.

O terapeuta matrimonial Hans Jellouschek diz que é essencial a "arte de ser solícito" quando se pretende que uma relação, uma união seja feliz, ou que um comprometimento seja estável. Isto é, na verdade, uma arte criativa e fecunda: na fidelidade à outra pessoa posso desenvolver em primeiro lugar o potencial que está disponível em minha própria alma. Ando com ela o caminho. E neste caminho, trilhado em conjunto, descobrimos algo que é maior do que nós mesmos. Na fidelidade à outra pessoa, eu me supero a mim mesmo(a). Isto me permite crescer para além de mim e crescer para dentro da imagem que Deus me confiou que, porém, é maior do que aquela que vi até agora dentro de mim.

Algumas pessoas acham que não posso prometer fidelidade porque eu mesmo(a) mudo continuamente e porque a outra pessoa também muda. Fidelidade é, de fato, a promessa de permanecer fiel a mim e à outra pessoa, apesar de todas as transformações que ocorrem em mim e nela. Digo sim a uma pessoa a qual não sei em que direção ela vai mudar. E, assim, a fidelidade é sempre também um risco e um desafio. Mas neste desafio está o desejo de resumir minha vida numa palavra: na palavra "sim". É a única palavra na qual pode confiar a outra pessoa e eu também.

A fidelidade é uma atitude, uma virtude. Mas também depende sempre de mim se me decido por ela. Ao decidir-me pela fidelidade, peço a Deus que possa mantê-la em todo o meu comportamento. Para os cristãos, a fidelidade de Deus para conosco é uma razão por que nós podemos ousar também ser fiéis. Por trás está a certeza: Deus permanece fiel, mesmo quando somos infiéis a nós mesmos(as). Sua fidelidade permite sempre mudança de rumo e regresso.

Os antigos viam na fidelidade um alto valor e uma dádiva de Deus. O mestre sapiencial da Bíblia hebraica, Jesus Sirac, tece um louvor à fidelidade: "Amigo fiel é refúgio seguro: quem o encontra, encontra um tesouro. Amigo fiel não tem preço; não há medida para o seu valor. Amigo fiel é um elixir de longa vida; os que temem o Senhor o encontrarão" (Eclo 6,14-16).

16
Como posso acabar com minha desunião e encontrar unidade interior?

O primeiro caminho passa pela aceitação da própria contradição. Nunca somos inequívocos. Temos sempre dois polos em nós: amor e agressão, razão e sentimento, masculino e feminino, consciente e inconsciente. Aceitar a própria contradição exige uma despedida de falsas imagens ideais que faço de mim como sendo apenas bom(boa), amável e piedoso(a).

Se eu assumir meus opostos, paro de me dilacerar. Então eles me tornam amplo(a). Não posso negar os opostos que existem em mim nem eliminar o contraditório, pois assim eu mesmo(a) me machucaria. Mas, se eu me reconciliar com minhas contradições, vai acontecer algo positivo: sentir-me-ei um comigo e com tudo o que há em mim.

É muito importante também tomar consciência corporalmente dessa realidade. Uma possibilidade é, para mim, o sinal-da-cruz. Isto pode ser uma ajuda para aceitar esta tensão interior. Eu me coloco ereto em pé e estendo os meus braços um para a direita e outro para a esquerda. Sinto os opostos em mim; eles podem dilacerar-me. Mas quando me entrego totalmente a este gesto, ele me torna amplo(a). Poderia abraçar o mundo todo. Nada do que é humano, nada do que é cósmico me é estranho. Tudo está em mim. Esta experiência me dá amplitude, liberdade e amor a tudo o que existe.

O segundo caminho passa pela experiência do ser um. Também isto tem uma dimensão corporal: posso exercitar essa experiência, prestando atenção à minha respiração. Eu me concentro todo em minha respiração. Eu solto tudo aquilo que sempre se manifesta em meus pensamentos. Leva-me então a respiração ao espaço interior da tranquilidade. Lá pressinto às vezes um ser no qual tudo é uno: Deus e ser humano, mundo e eu, céu e terra. Em semelhante experiência, estou totalmente de acordo comigo e com a vida, com o mundo, tal qual ele é. Para fora, muita coisa pode parecer obscura para mim. Mas no mais profundo, tudo de repente fica claro e tudo é uno. Esta é uma experiência de contemplação. É sempre apenas uma experiência curta e passageira. E posso exercitar-me nela e preparar-me para ela pelo exercício, mas não posso provocá-la ou produzi-la. Ela é, em última análise, sempre uma dádiva. Quando me é dado fazer essa experiência, cessa toda divisão naquele instante. Quando, mais tarde, me sentir novamente dividido, posso recordar esta experiência e recorrer a ela como a uma fonte de força. A divisão perde assim seu caráter ameaçador. E posso encontrar-me novamente.

17
Como encontrar a mim mesmo(a) sem me afastar demais das outras pessoas?

Ambas as coisas fazem parte de mim: para ser eu mesmo(a) preciso estar em mim. E, por outro lado, é preciso também acudir os outros, ajudar os outros, caminhar com os outros, para sentir a mim mesmo(a) no encontro.

Aprendemos e treinamos em nossa cultura, mais baseada na concorrência e no confronto, a andar à distância dos outros e acreditamos chegar assim mais próximos de nós. Mas não me encontro se eu me isolo. Martin Buber, o filósofo judeu da religião formulou isto assim: "O ser humano torna-se eu no tu". Isto é: só no encontro acho o meu verdadeiro si-mesmo. No face a face, no fato da relação, que se solidifica e se intercambia na pessoa referente, o eu se esclarece e cresce.

Precisamos das duas coisas: proximidade e distância, relação e separação. Mas há sempre necessidade de um equilíbrio sadio entre os dois pólos. Nós podemos mesmo perder-nos, se nos ocuparmos só com os outros ou satisfizermos apenas os desejos deles. Aí então precisamos limitar-nos. Mas há pessoas que se limitam demais. Temem que possa ocorrer uma relação muito estreita e, assim, muito ameaçadora. Temem que possam perder-se na doação. Mas se não se doarem, sua vida será estéril. Para mim é importante escutar meus sentimentos. O normal é que eu esteja aberto para as outras pessoas e disposto a me relacionar com elas, a me dedicar a elas no trabalho. Mas existem também sinais de alerta aos quais deveríamos estar atentos. Se eu perceber em mim sentimentos amargos ou suscetibilidade e irritabilidade numa situação ou relação concretas, isto é um indicativo para mim de que devo delimitar-me melhor.

Se eu me delimito em relação às outras pessoas de um modo cortês e às vezes digo um não a seus pedidos, isto não destrói a relação, mas a esclarece e aprofunda. Torna-se mais genuína e honesta e fará bem a ambas as partes. Na delimitação, preciso sempre atentar para aquele de quem estou me delimitando. Não recuso a relação com a pessoa. Eu presto atenção a seus e meus limites. E em meio a esses limites pode de novo acontecer um encontro que poderá ser benéfico para ambos. Se eu não me delimitar, persiste o perigo de que cresçam as agressões contra a outra pessoa. Então os encontros, previstos para serem ajuda, tornam-se difíceis e com minha ajuda só contento possivelmente minha consciência pesada. Numa situação tão confusa, eu realmente não ajudo por livre disposição e amor. Uma boa delimitação esclarece e aprofunda as relações. Ela não as destrói. E também me protege.

18
Devo abandonar o meu eu ou devo tornar-me sempre mais eu mesmo(a)?

Ambas as coisas são importantes. Devo primeiro encontrar o meu eu e tornar-me totalmente eu mesmo(a). C.G. Jung distingue entre eu e si-mesmo. O eu é o cerne pessoal consciente. Estou em contato com o meu eu quando digo: "Quero ir para lá. Não quero estudar. Quero agora ouvir música". O eu sabe o que ele quer. Mas está também em perigo de só girar em torno de si, de gabar-se diante dos outros e dar-se ares de arrogância. Jung acha ser tarefa da primeira metade da vida desenvolver um eu forte, um eu que pretenda lutar e se afirmar.

Na segunda metade da vida, trata-se então de chegar do eu ao si-mesmo. O si-mesmo é o cerne mais íntimo, que inclui o consciente e o inconsciente, que também dá espaço ao divino dentro de si. Este si-mesmo – ao contrário do eu – não o posso abandonar. Minha tarefa consiste em alcançar sempre mais esse si-mesmo, descobrir meu cerne pessoal mais íntimo e viver de acordo com ele.

Isto pressupõe maturidade. Para chegar a este si-mesmo, é importante abandonar as exigências do ego, que tudo deseja arrebanhar e possuir. O ego quer impor. O ego se ensoberbece. Ele cria auto-imagens grandiosas que em geral não correspondem à realidade.

As pessoas egocêntricas se isolam. Elas repudiam as outras pessoas. Quem encontrou seu verdadeiro si-mesmo também pode encontrar-se como o outro de um modo bom. Nada quer cobrar dele. Está aberto a seu mistério. E está em paz consigo. É autêntico. Tornou-se totalmente ele mesmo. Para chegarmos ao nosso verdadeiro si-mesmo, precisamos deixar de lado o ego.

Isto se pode treinar. Um bom treino para descobrir o si-mesmo próprio é o seguinte: digo durante o dia todo em tudo o que faço: "Eu sou eu mesmo(a)". Aí percebo então como tantas vezes só desempenhei o papel que outros esperavam de mim, ou que eu imaginava que os outros queriam que eu desempenhasse. Eu me adapto sempre. Mas não procedo a partir de meu íntimo. Não sou autêntico(a).

Se eu tiver meditado o dia inteiro nesta palavra "Eu sou eu mesmo(a)" chegarei provavelmente mais perto de meu verdadeiro si-mesmo. Mas este si-mesmo não posso mais defini-lo nem identificá-lo com determinados propósitos da vontade. Mas talvez sinta em mim uma premonição. Uma premonição de harmonia interior – e de concordância com a minha natureza: "Eu sou eu mesmo(a)".

19

Sempre sinto minha limitação, minha angústia. Quem vai libertar-me disso aqui e agora?

Sempre, na vida toda, topamos com limites. E sentimo-nos sufocados durante a vida inteira por dependências, vemo-nos presos em armadilhas fatais. Elas se estendem por sobre nossa vida como sombras poderosas e só conseguimos livrar-nos delas com muita dificuldade, apesar de todos os esforços. Sentimos que ficamos atrás de nossas possibilidades e nos endurecemos em culpa. Ficamos doentes, somos acometidos por medos, dúvidas e depressões. E todos conhecemos – sempre – a experiência de que estamos encerrados em nosso próprio ego. Em tudo isso, desejamos sempre a liberdade de uma realidade "redentora". Aquilo pelo qual ansiamos, a tradição o chama de redenção.

A questão decisiva é como nós entendemos e experimentamos a redenção. Como cristãos, entendemos às vezes a redenção no sentido por demais aquém. Um olhar para a Bíblia mostra outra coisa: a redenção começa aqui na vida. Na história de Jesus se conta: Ele veio para nos remir, salvar e curar em nossa vida. Ele curou enfermos, endireitou curvados, perdoou os pecados aos pecadores e deu às pessoas desanimadas nova disposição e coragem de viver. Isso mostra que experimentamos a redenção aqui em nossa vida como algo terapêutico e libertador.

Mesmo que não estejamos gravemente doentes ou que não soframos sob um destino cruel, sentimo-nos sempre como pessoas finitas, cuja vida está ameaçada pela morte. Jesus não veio só para que nossa situação melhorasse. A redenção através dele inclui também a morte. Também na morte não somos deixados sós, mas junto com Ele atravessamos a porta para a vida eterna. Ele nos precedeu em sua morte, para tirar-nos o medo da morte.

A redenção é concreta. Significa que sempre experimento libertação aqui em minha vida, libertação de acanhamentos e endurecimentos. Quando sei que sou amado incondicionalmente, estou livre da compulsão de me mostrar sempre através de realizações e obras. Em mim existe às vezes um juiz impiedoso que me humilha quando cometo algum erro. Redenção significa ficar livre desse juiz interior, aceitar-me como sou porque experimentei o perdão de Deus. Para mim, redenção significa: olhando para aquele que por mim morreu na cruz, ficar livre de todas as depreciações da minha própria pessoa. Eu tenho valor. Posso ficar livre de todos os círculos egocêntricos ao meu redor. Sinto que em Jesus está visível um amor que também liberta a mim e me capacita para o amor. Portanto, a redenção transforma minha vida aqui e agora.

Sinto naturalmente que esta redenção sempre só penetra determinadas esferas em mim. Na morte, ela será definitiva. Minha fé é esta: aí todas as amarras se soltarão. Serei totalmente livre, totalmente autêntico(a) e só puro amor. Aí me tornarei para sempre um(a) com Deus, um(a) comigo mesmo(a) e com todas as pessoas que amei. Ali experimento no limite para Deus ao mesmo tempo a abolição divina de todos os limites. A esperança na redenção definitiva não significa um passar por cima deste mundo. Ao contrário, a esperança tem já aqui e agora uma força redentora. Pois ela me liberta já aqui de todo medo e faz com que eu viva o presente e meu dia a dia de modo diferente. Sou livre para eu mesmo(a) agir redentoramente e aproximar-me das outras pessoas com intento de cura. Eu mesmo(a) estou em condições de desatar as amarras das outras pessoas e trazer amor libertador para o mundo. Ao sentir os limites da morte como convite a uma vida intensa aqui e agora, posso enfrentar todo instante com serenidade e gratidão.

20
Algum dia vou parar de desejar alguma coisa?

Nosso desejo só vai acabar com a morte. Só lá ele será satisfeito para sempre. Enquanto vivemos, temos desejos. Mas, para mim, desejo não é o oposto de felicidade. Ao contrário, o próprio desejo opera em mim uma espécie de felicidade. Isto, já o souberam sempre os escritores. Arthur Schnitzler, por exemplo, diz: "O desejo é o que alimenta nossa alma, e não a realização dele". O desejo nos mantém vivos, e este estar vivo é felicidade para mim.

O autor romântico Friedrich Schlegel vê no desejo, inclusive, o caminho para o verdadeiro repouso. "Só no desejo encontramos o repouso. Sim, o repouso é ele mesmo, quando nosso espírito não é perturbado por nada para desejar e procurar onde não pode encontrar nada mais elevado do que o próprio desejo". Nesse repouso, que encontramos no desejo, já resplandece algo do repouso eterno que nos espera na morte. Não é um repouso morto, mas um repouso no qual somos totalmente nós mesmos, totalmente realizados. Nele temos parte no repouso do sétimo dia do Criador e podemos dizer com ele: "Tudo está bem". Isto é a maior felicidade. Mas enquanto desejamos a felicidade, já experimentamos agora a felicidade no desejo da felicidade. Ao desejarmos, já somos agora felizes. Contudo não podemos aferrar-nos a esta felicidade, porque ela nos aponta para uma felicidade que durará para sempre.

Se pararmos de desejar, estagnaremos interiormente. O desejo alarga o coração e faz com que vivamos mais intensamente aquilo que experimentamos todo dia. A morte do desejo seria também o fim da felicidade. Na morte, a felicidade não morre, mas chega à sua meta. O desejo não é o oposto de satisfação. O fato de desejar algo que ultrapassa a limitação deste mundo não significa que esteja insatisfeito com a medianidade de minha vida. Não preciso ter tudo aqui, porque meu desejo me transporta para além de todo o visível e aparente e me remete para o Reino de Deus, no qual unicamente meu desejo será satisfeito.

II

Que valor tenho eu? Sou livre?

1
Por que vivo afinal?
Não devo minha vida ao mero acaso?

Por que estou, na verdade, neste mundo? Esta é uma pergunta que as pessoas que pensam sempre se colocaram. Cada qual se vê confrontada com ela. Por um lado, parece acaso estar eu neste mundo, que meus pais se uniram e me geraram. Eu não escolhi minha existência. Fui colocado(a) neste mundo sem ser perguntado(a). Não sou responsável pelo fato de haver nascido neste tempo. O fato de haver nascido neste país, nesta cultura e nesta religião me foi dado. Tudo parece simples acaso.

Mas também tudo depende de minha interpretação. Posso ver minha existência como acaso absurdo. E posso vê-la também de modo diferente. Posso achar, com boas razões, que fui desejado, que existo por graça e não por acaso, que sou eleito. A Bíblia expressa isto sempre assim. Sou escolhido, isto é: a escolha de Deus recaiu sobre mim. Ele me desejou bem conscientemente. E ele me quis assim como sou, com a cultura na qual cresci, com minhas disposições, capacidades e limitações. Certamente esta interpretação parecerá difícil para quem veio deficiente ao mundo, para quem deve passar sua vida toda numa região de guerra e de fome. Não posso dizer então que Deus quis que eu nascesse nessa situação de miséria. Neste caso só me poderia ajudar a ideia de que sou querido por Deus como esta única pessoa e de que, apesar das circunstâncias externas, existe algo em mim que é bom que, em última análise, escapou do poder das situações adversas. Eu, como pessoa, não dependo daquilo que acontece ao meu redor. Com tal modo de pensar posso ver as circunstâncias externas como desafio e não desesperar de mim nem de Deus como meu fundamento último e descobrir, em toda a confusão externa, o cerne inviolável dentro de mim.

Para mim o que vale é: depende de minha interpretação como me sinto e como eu percebo a mim e a minha vida. Não importa como se parece meu entorno, sou grato(a) por estar no mundo. E sinto meu valor: sou único(a), porque Deus se fez esta imagem, que há em mim, só de mim. E por isso posso dizer: não estou por acaso neste mundo. Com as imagens da Bíblia posso dizer: fui criado e formado por Deus. Ele me chamou por meu nome. Ele me escreveu em sua mão. Isto me faz especial. Posso aplicar pessoalmente a mim suas palavras: “Não tenhas medo, pois eu te resgatei, chamei-te pelo nome, tu és meu” (Is 43,1).

2
Por que vivemos, se temos de morrer?

Por que vivemos, se temos de morrer, isto não sei responder em definitivo. Só sei que em toda parte no mundo, a vida está ligada com a morte. Não há vida sem morte, nem entre os animais e nem entre as plantas. Também nós, seres humanos, participamos dessa realidade; nós também vivemos sob a lei da morte e do renascimento. Nossa vida é finita. Não podemos fugir disso, apesar de todas as tentativas da ciência de postergar a morte. A questão é como lidar com isso. Se aceitamos que nossa vida é finita, então isto dá ao tempo vital que nos está disponível um valor especial.

Nossa vida é única. Por isso devemos vivê-la cuidadosamente. A arte da vida consiste em integrar a morte em nossa vida e, dessa forma, viver mais intensamente. A morte nos convida a sentir o mistério da vida e estarmos agora, neste instante, totalmente presentes. Quando penso na minha morte, sou estimulado por este pensamento a viver conscientemente, a dizer as palavras que há muito queria ter dito, a escrever aquilo que corresponde de fato ao meu íntimo e de fazer aquilo que acho ser minha tarefa no mundo. E não viverei inadvertida e descuidadamente por aí, mas vou degustar cada momento com muito apreço. Sinto, na perspectiva da morte, o gosto pela vida. Quando todo dia pode ser o meu último, não vou desperdiçá-lo inutilmente. Quando meu passeio pela natureza hoje pode ser o último na terra, então andarei com mais consciência e com todos os sentidos alerta. Prestarei atenção em minha respiração, sentirei o vento em meu corpo, e serei agradecido por tudo o que vivenciar.

A morte é o limite da minha vida. Todo limite tem dois lados, o aquém e o além, que se completam pela separação. A morte é o limite que me convida a viver consciente e intensamente dentro dos limites. Mas é também o limite que eu ultrapasso e que me conduz da limitação de minha existência condicionada por uma série de restrições históricas para uma nova amplidão. No ultrapassar desses limites, não morro para o nada, mas para a plenitude da vida, para dentro de Deus. Portanto, minha morte não é só fim, mas também um novo começo, uma transformação desta vida, a satisfação de meu desejo mais profundo.

Assim, o pensamento da morte intensifica minha vida. E a integração da morte em minha vida tira de mim o medo da morte. A morte não se apresenta a mim como algo ameaçador. Não diminui nem destrói meu valor. É, antes, a meta em que me tornarei para sempre total, clara e puramente o ser que foi intencionado desde o princípio.

3

O que existe antes de nossa existência, o que vem após a morte?

Antes de nossa existência éramos um pensamento de Deus. No nosso nascimento, esse pensamento se tornou carne. O filósofo grego Platão acha que nossas almas, antes do nascimento, estavam na esfera divina. Tinham uma existência autônoma e que se uniram ao corpo em nosso nascimento. Nós, cristãos, não vemos isto assim. Não existiu nenhuma parte antes de nós – mesmo que tão espiritual como a alma imortal em Platão. Nossa existência começou com a fecundação.

Após a morte – acreditamos nós, cristãos – não vem o nada. Pertence ao cerne da fé cristã a firme esperança: após a morte ressuscitaremos com Cristo. Como devemos imaginar isto? Não continuará existindo apenas nossa alma imortal, conforme acreditava a filosofia grega desde Platão. Pois nós não vemos a alma como substância autônoma, mas como forma do corpo. Nós seremos redimidos em Deus como pessoas. Nós morreremos para dentro daquele que é a primeira e última realidade e encontraremos nele, como nossa razão originária, nosso verdadeiro lar. E nele, que é amor, que vai se realizar todo o nosso desejo que sentimos aqui durante nossa vida e que nesta vida não pode ser satisfeito. Como se apresenta concretamente essa realização, não existe resposta teórica, e nada que possamos apresentar como saber comprovado. Esta realização só a podemos descrever em imagens, conforme nos são oferecidas pela Bíblia e pela tradição espiritual. Essas imagens descrevem a vida após a morte como um banquete nupcial, como festa eterna, como contemplação de Deus, como repouso eterno. Também aqui é preciso dizer: tudo são imagens para algo que, em última análise, não podemos mais descrever com palavras. Mas as imagens não são sem importância ou sem significado. São janelas através das quais olhamos para a direção certa. Mas o que olhamos, ultrapassa nossa capacidade de representação. Por mais diversas que sejam as imagens, por trás delas todas há em cerne uma convicção comum: podemos confiar que na morte seremos para sempre um(a) com Deus e que nele encontraremos a nossa verdadeira natureza.

4
O que é realmente a alma humana?

Não é tão simples responder a esta pergunta. Isto já se pode perceber num rápido olhar para a história das reflexões sobre a alma e para as diversas concepções que se desenvolveram a respeito dela.

A filosofia grega contrapôs a alma imortal ao corpo mortal. A alma é, para Platão, uma substância autônoma. Ela se une ao corpo, mas nele permanece sendo totalmente ela mesma. Vive no corpo como numa prisão.

A visão da Bíblia é bem diferente. A Bíblia designa por "*psyche* = alma" o estar vivo do corpo. Por isso alguns autores traduzem a *psyche* bíblica simplesmente por "vida".

Santo Tomás de Aquino chama a alma de forma do corpo. Para ele, portanto, não há alma que não esteja num corpo. Para a psicologia, a alma (*psyche*) tem outro sentido. Designa a esfera interior da pessoa, que não inclui só o consciente mas também o inconsciente.

Para mim, a alma é uma imagem do centro da pessoa, de seu ser único, mas também de sua relação com o transcendente. Não se deve separar a alma do corpo; contudo ela não é a mesma coisa que o corpo. Com Dietrich Wiederkehr, gostaria de descrever a alma como "o centro pessoal e existencial diante do qual a imagem da identidade oculta dos papéis assumidos apressadamente pela sociedade, constitui a unicidade pessoal em contrapartida aos indivíduos nivelados por intercâmbio". Quando traduzo para dentro de nossa vivência essa frase bastante complicada e de difícil compreensão, isto significa para mim: não estou preso àquilo que a sociedade espera de mim. A alma me lembra que sou algo único e especial. Sou uma ideia de Deus que se manifesta em mim. E a alma indica o misterioso em mim que escapa das amarras do mundo e também das amarras da avaliação.

Alma indica profundidade, insondabilidade, misterioso, algo que não conseguimos entender, mas que também nos protege das garras de uma intenção indiscreta do determinismo.

Alma significa, portanto, meu íntimo impermutável. E nesse íntimo estou relacionado com Deus. Ali ultrapasso este mundo. A alma está no corpo e o marca; o corpo, por sua vez, também influi sobre ela. Isto nós o percebemos quando estamos doentes. Quando falamos de alma, entendemos aquele âmbito sobre o qual o ser humano não pode mandar e no qual estou aberto(a) para Deus, no qual eu alcanço a própria realidade de Deus. Para mim, alma significa, pois, o fulgor divino em meu íntimo, a riqueza de anseios e imagens que encontro dentro de mim e que me remetem para Deus. Na alma, ele gravou sua imagem em mim, para que eu sempre me lembre dele.

5

O que acontece com a alma no momento do nascimento e da morte?

Não é só por ocasião do nascimento, mas já no momento da concepção que a alma se torna una com o corpo. Ela é, desde o começo, o princípio formante do corpo.

É na morte – assim nos diz o grande pensador da Idade Média, Santo Tomás de Aquino, e em seu seguimento, de maneira semelhante, o teólogo moderno Karl Rahner – que a alma se realiza plenamente. E, para Rahner, é o momento em que ela dispõe, com total clareza e sem o constrangimento da carga e fadiga do corpo, de si mesma e chega à única decisão absolutamente livre. Ela se decide a favor ou contra Deus, a favor ou contra a vida. Ela se separa do corpo, não para vagar por aí sem corpo, mas permanece em relação com o corpo. A Bíblia diz que ela informa um corpo transformado, um corpo espiritual. Seja como for, na alma o ser humano chegará perante Deus e nele conhecerá toda sua verdade. Quando ele se entrega a Deus, o amor deste purifica sua alma e se formará um corpo puro e translúcido. E, sob esta nova forma, o ser humano estará para sempre em Deus. Contudo, é preciso saber que todas essas considerações filosóficas e teológicas nada mais são do que uma tentativa de descrever com palavras o mistério. Em última instância, permanece sempre também alguma coisa incompreensível. Mas, através dessas ideias, a teologia nos indica também uma grande liberdade com referência à direção de nossa reflexão possível quando da superveniência da morte.

6
Tenho uma tarefa, uma missão neste mundo?

Como cristão, interpreto minha missão no mundo assim: Deus pronunciou sobre mim – assim disse certa vez Romano Guardini – uma palavra originária, que só confiou a mim. Poderia também dizer assim: ele me deu uma senha que só serve para mim. Minha tarefa é tornar perceptível neste mundo essa palavra única de Deus, que se tornou carne em mim. Eu posso dizer: eu gostaria de gravar neste mundo meu rasto bem pessoal de vida. Gostaria de irradiar para dentro do mundo aquilo que Deus colocou em mim. Mas qual é o meu rasto de vida? Isto posso reconhecer quando escuto meu interior e sinto: eu estou em harmonia. E eu o reconheço quando me reconcilio com a história de minha vida. Muitas vezes consigo descobrir precisamente nas minhas feridas da alma o rasto que posso gravar neste mundo. Lá onde sou ferido(a), também fico aberto(a) para meu verdadeiro ser, para a palavra única que Deus pronunciou em mim.

Portanto, respondo à pergunta "por que estou no mundo?" assim: "Estou no mundo para viver a vida única que Deus me deu. Vivo para tornar audível aqui a exclusiva palavra que só falou para mim. Encontro meu sentido quando gravo meu rasto pessoal de vida neste mundo".

Outra imagem que me ocorre é a da missão: cada um de nós tem uma missão muito especial. Não estou neste mundo apenas para mim. Posso pressentir minha missão específica quando escuto os impulsos silenciosos de meu coração. Quando eu – por exemplo, na oração – presto atenção a eles, sinto como posso ser bom(boa) e onde deveria estar para que este mundo ficasse mais claro e caloroso através de mim. Talvez me sinta então chamado(a) a executar um projeto determinado, a assumir algo bem concreto. Pode ser um projeto de amor ao próximo, de ajuda aos grupos de periferia ou a um projeto no Terceiro Mundo. Talvez eu veja também minha missão em ser uma boa mãe ou um bom pai, educar bem os meus filhos e oferecer-lhes um lugar de aconchego e amor. E quando estiverem casados, minha missão de mãe ou de pai assumirá outro matiz: então preservo a vida e cuido para que ela cresça. Ou deixo que minha energia paternal flua para outras pessoas, fortaleça as pessoas que precisam de minha dedicação.

Talvez a palavra "missão" soe por demais constrangedora para alguém. Mas se levarmos a sério o que fazemos neste mundo, sentiremos: com nossas ideias e sentimentos, podemos marcar de fato positivamente a realidade ao nosso redor. Sentiremos então que não somos determinados só pelas circunstâncias. E também não imporemos pela força algo ao mundo ou a outras pessoas. Mas, apesar disso conseguiremos realizar coisas importantes: criamos ao nosso redor uma realidade que não pode ser destruída sem mais.

Para que estamos no mundo? A resposta a esta pergunta é, portanto, bem simples: nossa tarefa é fazer, por meio de nossa vida, que este mundo se torne um pouco mais luminoso, mais caloroso e mais humano.

7

O que me torna valioso? Como posso medir ou sentir o meu valor?

Nosso valor não é possível medi-lo através de cartão de crédito, nem classificá-lo num *ranking* mundial ou fundamentá-lo na pertença a um grupo profissional. E mesmo os mais preciosos símbolos de *status* nada informam sobre isso. Toda pessoa tem valor porque é criatura de Deus. Por mais impressionantes e singulares que sejam minhas realizações, não posso dimensionar meu valor em comparação com as outras pessoas, e elas não podem determinar meu valor desse modo. Reconheço meu valor de verdade quando considero a fundo o mistério de minha vida.

Tenho meu valor porque sou uma pessoa humana, porque fui criada por Deus e por ele escolhida. E tenho valor porque há algo em mim que só a mim pertence. Assim como eu sinto, ninguém mais sente; assim como eu respiro, ninguém mais respira. Não posso colocar meu valor apenas naquilo que realizo. Minhas aptidões são parte de meu valor, mas não o constituem. São valores só enquanto partícipes de minha pessoa única na qual Deus mesmo se manifesta.

Na tradição judeo-cristã, o valor e a dignidade da pessoa consistiam em que Deus havia criado o ser humano à sua imagem e semelhança. No ser humano resplandece, portanto, a face de Deus: esta é a mensagem da Bíblia. Para os cristãos isto recebeu um aprofundamento pelo fato de Deus se ter feito homem em Jesus Cristo. Se acreditamos nisso, vemos em cada rosto humano a figura de Jesus Cristo. Em cada Natal, a liturgia celebra o grande mistério: por meio da humanização de Deus, nós, seres humanos, fomos deificados. Isto constitui nossa dignidade mais profunda: que em nós há vida divina, espírito divino e amor divino.

Muitas vezes temos padrões errados de valor. Atribuímos a alguém grande valor quanto tem posses, poder ou muito sucesso. Jesus destruiu todos esses padrões mundanos. Ele se voltou especialmente para os pecadores e excluídos, depreciados pela opinião pública, e lhes devolveu sua dignidade humana e divina inviolável. Por isso somos convidados nós, cristãos, a ser em cada pessoa um valor inviolável. Isto tem, em última análise, também uma consequência política.

Nenhum político pode denominar-se cristão se trata com pouco caso as pessoas de qualquer camada social. O político cristão precisa voltar-se também e mais precisamente para os grupos marginais e transmitir a cada pessoa que ela possui um valor inviolável. Na Constituição da Alemanha, por exemplo, isto está firmado. Mas é um desafio transformar isto em realidade também na vida social. Se atribuirmos a cada um seu valor, tornaremos possível a ele sentir-se valorizado e ter na sociedade o sentimento de membro de muita valia.

8
O que constitui afinal o meu valor, quando minha fraqueza é notória?

Precisamente quando nada mais posso produzir, torna-se claro que também nos dias de saúde não posso ver meu valor na minha produção. Ele não consiste em minha utilidade em favor de alguém ou de alguma coisa. Consiste em minha dignidade como pessoa que não se perde nem mesmo que eu fique fraco, velho, doente ou desempregado. Contudo, gostaria de mostrar meu valor não só a Deus, mas também às outras pessoas.

Também em minha doença tenho valor, se me reconciliar com esta doença. Sai então de mim algo cheio de valor. Darei à minha vida, limitada pela doença, um testemunho de outro valor, o valor infindo do amor. Em minha doença posso tornar-me permeável a Deus. Posso aceitá-la conscientemente por amor ao próximo.

Minha mãe, que ficou muito doente em sua velhice, aceitou sua doença em atenção a seus filhos e netos. Isto a preservou de reclamar contra sua doença. Ela lhe deu, ao contrário, um sentido. E assim se tornou também para nós, seus filhos, mais fácil tratar dela e de sua doença. Sua falta de saúde não nos incutiu nenhum remorso de não termos feito tudo o que deveríamos ter feito. Vimos, ao contrário, com surpresa, que prosperou em amadurecimento e sabedoria pela doença, que seu verdadeiro ser e seu valor indestrutível brilharam com ainda maior intensidade.

Mas existem naturalmente doentes que como “casos assistenciais” aparentemente nada mais podem dar, mas dependem exclusivamente da ajuda de outras pessoas. Contudo, esses também possuem um valor inviolável. Sua história, que talvez não compreendamos, é preciosa. Como pessoas, têm seu valor e sua dignidade, mesmo quando estão dementes e já não se podem comunicar. Se lidarmos bem com elas e as tratarmos com respeito, estaremos dignificando também a nós mesmos e expressaremos nossa fé de que não podemos perder nossa dignidade de pessoa por nenhuma doença e nem por nossas culpas. Uma pessoa doente pode tornar-se, em sua fraqueza e debilidade, um indicador de vida para nós. E também para o gravemente culpado vale: ele não perde seu valor como pessoa. Também para ele fica aberta a chance de recomeçar.

9
O que significam para mim as outras pessoas?

Há muitas pessoas que "investem" em relacionamentos. E que evidentemente gostariam de receber algo em troca e, de preferência, com vantagem. Às vezes não se trata só de atenções materiais, mas até de sentimentos. Mas a decepção nesse tipo de comportamento em geral não se faz esperar. Algumas pessoas medem o valor dos outros observando como podem contribuir para o aumento de sua disposição psíquico-anímica ou como podem eles contribuir para um crescimento profissional delas. Existem parcerias, associações, convênios, redes, etc. que funcionam assim. E há administradores e assessores de empresas que falam do "capital humano" quando se referem ao valor dos trabalhadores numa empresa. Mas não devo colocar a questão do valor da outra pessoa exclusivamente na ideia de utilidade. Muitas pessoas avaliam assim as relações com os outros: o que faço a eles, espero que o façam também a mim. Mas esta equação torna impossível a verdadeira relação. As outras pessoas não têm valor só quando me ajudam em meu caminho, quando me facilitam novos relacionamentos, quando promovem meu ascenso profissional. Assim, estou me servindo das pessoas. O valor da pessoa está em sua dignidade humana. Se eu a valorizar, isto faz crescer também o meu valor pessoal. Quando desprestigio pessoas, também deprecio algo em mim. Por isso há necessidade de uma sensibilidade para o valor das outras pessoas, para viver de fato como pessoa consciente do próprio valor.

"Que valor têm as outras pessoas para mim?" Para mim, essa pergunta aponta ainda para outra direção: que esforço de minha parte merecem as outras pessoas? Trato-as bem só para que tudo corra bem para mim? Ou eu me empenho por elas porque possuem um valor intocável para mim? Jesus falou que ele veio ao mundo para dar a vida por nós. Ele arriscou sua própria vida. Nós éramos dignos de um sacrifício muito especial. E na história do cristianismo há muitos santos que o imitaram. A figura de Maximiliano Kolbe me paira diante dos olhos, que, no campo de concentração nazista, deu sua vida por outra pessoa. Ou penso em Sta. Isabel da Turíngia que se dedicou aos pobres e doentes à custa de sua própria saúde, porque viu neles um valor inestimável. Ela viu – segundo a palavra do Evangelho: "O que fizestes a um desses meus irmãos menores, a mim o fizestes" (Mt 25,40) – nos pobres e doentes o próprio Cristo. Foi o valor mais elevado que ela enxergou em cada pessoa: ela retrata o próprio Cristo. Sim, Cristo está nela, é seu cerne mais íntimo. Em toda iniciativa política, social ou caritativa em favor de outras pessoas sempre se trata de saber o que trazem de retorno. Se eu puder abstrair de mim e me dedicar a elas porque têm valor para mim como pessoas, que são irmãos e irmãs como filhos de Deus, então minha vida também ficará repleta de valor. Quem só ronda em torno de seu próprio valor, a vida dele perderá rapidamente seu valor.

10
Como lidar com a culpa? Com a nossa e com a dos outros?

Para C.G. Jung, culpa significa: viver sem atenção alguma a si mesmo, rejeitar a própria vida. Culpa, nesse sentido, significa que fico devendo algo a mim, aos outros e a Deus. Nela nunca podemos separar exatamente até que ponto vai a nossa própria culpa ou que não conseguimos ser diferentes porque assumimos, através de nossa história de vida, modelos que nos marcam e nos impedem de viver o que corresponde à nossa natureza. Nunca somos totalmente livres quando nos tornamos culpados. Mas também não somos totalmente inocentes. Liberdade e não liberdade, culpa e não culpa estão sempre misturadas. Por isso não nos cabe julgar os outros. Pois não sabemos por que agem assim e são como são. Não podemos condenar. Quando examinamos nossa própria culpa, não nos devemos culpar nem desculpar. Quando nos culpamos, nós nos castigamos. Quando nos desculpamos, temos de procurar sempre novas razões por que somos inocentes. E assim não chegamos nunca a ter descanso.

Nós devemos apresentar nossa vida a Deus com nossa culpa e nossa inocência, e entregá-la a seu amor para encontrar repouso em seu amor misericordioso. Temos dentro de nós um juiz implacável que sempre nos acusa. Por isso necessitamos sentir o perdão de Deus, para que nós mesmos nos perdoemos.

O tema da culpa mexeu sempre com a humanidade. Inúmeras tragédias fizeram da culpa o tema de seu enredo. O romance de Dostoievski *Culpa e castigo* fala disso com muita emoção. Muitos acham que a culpa não pode ser perdoada sem mais. Deve ser reparada, para que o culpado se livre dela, e a sociedade também fique purificada dela. Mas aí existe o perigo de a sociedade escolher bodes expiatórios, os quais carregam a culpa da comunidade, e os mata por assim dizer para livrar-se dos sentimentos de culpa. Os efeitos devastadores disso são inúmeros na história, e temos exemplos mais que suficientes na atualidade.

Os gregos falavam em culpa fatal. A pessoa se torna culpada sem que pratique intencionalmente um ato culposo ou queira conscientemente a culpa. Sobre Édipo pesava a maldição de que mataria seu pai e se casaria com sua mãe. Os escritores gregos como Sófocles e Eurípedes trataram desse tema da culpa fatal em grandes tragédias. Na tragédia não existe solução libertadora. Com relação a este tema humano, os cristãos interpretaram muitas vezes a morte de Jesus como expiação de nossas culpas. Temos hoje certa dificuldade em aceitar essa interpretação. Mas, para as pessoas de antigamente, era uma resposta libertadora à pergunta se como pessoas não ficaríamos irremediavelmente sufocados para sempre na culpa. A mensagem libertadora do cristianismo é: há perdão que nos liberta da culpa e dos aflitivos sentimentos de culpa.

O povo de Israel tinha a impressão de que o povo todo era ameaçado pelo comportamento culposo do indivíduo. Por isso lançava mão anualmente do rito do bode expiatório. Carrega-se sobre um bode os pecados do povo e enxotava-se o bode para o deserto, para que levasse consigo a culpa do povo. Esta imagem, os cristãos a aplicaram a Jesus Cristo. Ele assumiu e levou, por assim dizer, a nossa culpa. É uma imagem que libertou muitas pessoas quando se sentiram culpadas do próprio fracasso ou do fracasso do grupo ao qual pertenciam. Evidentemente, existe na alma humana um desejo de purificação e libertação da culpa. Os rituais e imagens que o ser humano desenvolveu da expiação, temos de entendê-los em sua imagística. Caso contrário, os rituais de expiação nos farão sobretudo mal.

Nossa tarefa, hoje em dia, permanece sendo não reprimir o tema da culpa, mas procurar caminhos de como, na qualidade de pessoas esclarecidas mas também como pessoas ligadas a imagens e estruturas antigas da alma, podemos lidar com culpa e perdão, com culpa e expiação e o que nos pode ajudar a ficar livres da culpa que nos oprime.

11
Como surge o mal no mundo? Como explicá-lo?

Todo dia tropeçamos com o mal, quando olhamos para o que acontece no mundo. Atos terroristas são mostrados na televisão. Ouvimos falar de assassinatos, tirania e injustiça. Mas não existe apenas o mal que nos salta aos olhos como o de um Hitler, Stalin, Mao ou Pol Pot. Há também a banalidade do mal em nosso dia a dia. Há o mal praticado nas empresas. Ali pessoas são exploradas e espezinhadas psiquicamente. Na vizinhança, pessoas são ridicularizadas e marcadas para sempre. E há, sobretudo entre os jovens, a fascinação pelo mal e a fixação no mal. O fenômeno do satanismo manifesta-se precisamente neles, mostra-se por exemplo nas formas ridicularizadoras, agressivas, sexualizadas e irreverentes da música satânica rock. Quando os jovens não veem nenhum sentido em sua vida, acham que a única saída é a identificação com o mal. Às vezes é sua maneira de protestar contra a sociedade e seus valores. Às vezes é também seu desespero diante do bem. Identificam-se, portanto, com o mal para sentir-se fortes e com algum valor. Mas essa identificação com o mal torna a pessoa doente com o tempo. Não deveríamos olhar só os satanistas. A sociedade toda sofre da fascinação pelo negativo. A mídia informa bem mais sobre coisas ruins do que sobre coisas boas. Parece evidente que as pessoas se interessem mais pelo que destrói os padrões do humanitário do que pelos valores positivos e verdadeiramente humanos.

Donde vem o mal que nos encara com tantos olhos diferentes? A Bíblia tenta explicar a origem do mal no mundo com a história do pecado original. Deus fez o mundo bom. Por que existe o mal? A Bíblia fala da cobra que seduziu os primeiros seres humanos. Mas isto é uma imagem que não responde à nossa pergunta definitiva. Por que e donde vem a cobra? Foi enviada por Deus?

O mal permanece, em última análise, um mistério. Podemos fazer conjeturas racionais que explicam o mal. Mas, de fato, não conseguimos entendê-lo. Uma explicação é que o ser humano não conseguiu suportar o fato de não ser igual a Deus. Não queria aceitar sua dependência de Deus. É para ele uma humilhação narcísica não ser ele mesmo Deus. Assim, o mal entrou no mundo porque o ser humano arvorou-se em ser Deus ou ídolo.

A psicologia tenta outra explicação. Para ela, o mal é um desenvolvimento errado e tratamento fracassado de feridas da primeira infância. O mal surge quando as pulsões instintivas devido a frustrações excessivas assumem formas que ameaçam a vida em comum. Uma criança ferida passa adiante, a outras pessoas, seu ferimento. Quem não se recupera dos ferimentos vai descontá-los nos outros. Às vezes o mal que existe em alguém é o ódio que nutre pelo pai. Pode tornar-se tão destrutivo e cego que arrasta um povo inteiro para a ruína, como o lemos na história de alguns potentados tirânicos.

Todas essas considerações nos levam a suspeitar algo do mistério do mal. Mas racionalmente continua um problema insolúvel.

12
Em que consiste o fascínio pelo mal? O mal pode servir-se também do bem?

O fascínio pelo mal tem várias razões. Uma delas é o poder que o mal dá. Isto já é um tema antigo nas histórias de fadas e da literatura. Quem faz um pacto com o diabo tem, a curto prazo, grande poder sobre as pessoas. Tudo dá certo em sua vida. Mas, qualquer dia, esse poder será pago com a vida. Ou como Thomas Mann o expressa em *Doutor Fausto*: o poder é comprado com coração frio. Outra razão do fascínio pelo mal é o prazer de prejudicar. Quando prejudico e magoo outra pessoa, isto é uma compensação interior exatamente para as pessoas que em sua infância foram prejudicadas. Sentem-se bem na vida quando prejudicam os outros. Mas o fascínio a curto prazo é novamente pago com a incapacidade de entrarem em sintonia consigo mesmas e serem realmente felizes.

Também é tema da literatura que o mal se apresenta sob a máscara do bem e do proveitoso. O diabo vem na figura de um anjo da luz para seduzir as pessoas. O tirano se serve de partidários dóceis e pessoas inofensivas que não percebem que estão sendo usadas para o mal. O mal tem sempre fácil acesso às pessoas quando lhes promete algo que parece valioso: chegar a um posto mais alto em sua carreira profissional ou conseguir mais poder e influência.

Os monges primitivos diziam: "Tudo o que é demais vem do diabo". O mal pode, portanto, revestir-se também do bem, pregar e viver o bem em demasia. Quando uma pessoa é piedosa demais, a piedade dela pode facilmente tornar-se agressiva, maníaca e ofensiva. Muitas pessoas piedosas não percebem que dominam sobre outras em nome de Deus, julgam e até matam. O mal que se apresenta na figura do bem e piedoso é o mais difícil de ser combatido. E as pessoas que se devotaram ao mal sob o manto protetor do bem são difíceis de se convencer. O mal sob o manto do bem é uma máscara diabólica.

13
Falar hoje do diabo ainda faz sentido?

Nos anos setenta do século passado, o perito suíço em Antigo Testamento, Herbert Haag, publicou um livro com o título *Despedida do demônio*. Contra ele protestou na época o fisósofo ateu Ernst Bloch e acusou o autor de ingenuidade. Diz ele que não precisamos acreditar no demônio. É simplesmente uma realidade. Fala então da realidade do demônio, mas não da pessoa dele. O demônio é o responsável pela realidade e abissalidade do mal; este é mais do que uma porção de maus pensamentos. É o destrutivo, o simplesmente aniquilador e se apresenta ao ser humano muitas vezes como um poder que toma posse dele.

Falamos corretamente do ser humano só quando olhamos também diretamente nos olhos do mal. Contudo existem também ali pessoas que falam continuamente do demônio porque têm medo dele em sua própria alma. São fixadas, por assim dizer, no demônio porque reprimiram o mal dentro de si e porque precisam projetá-lo continuamente em tudo o que percebem.

O cristianismo não prega o fim do mal, mas sua superação. Na cruz, o mal do mundo sossegou. A crucifixão de Jesus foi resultado do mal: de um lado, por parte dos piedosos que se entrincheiraram em sua piedade e ficaram cegos a uma nova mensagem; depois por parte dos poderosos, covardes e que não se importavam com direito e justiça, mas apenas com vantagem pessoal, e, finalmente, por parte de rudes soldados que puderam desencadear sua maldade em cima de um fraco.

Mas a cruz também diz o seguinte: lá onde o mal do mundo se manifestou de modo mais claro, venceu o amor de Deus. Jesus venceu o mal ao perdoar seus carrascos e assassinos e entregar-se em sua paixão nas mãos amorosas do Pai. A cruz toma, pois, a sério a realidade do mal. Mas diz-nos também que o mal não tem mais o poder último.

Enquanto vivermos, estaremos sempre em confronto com o mal. A mensagem do cristianismo é: o ser humano não está entregue incondicionalmente ao mal. Ele pode combatê-lo e transformá-lo. O amor é mais forte do que o mal. A tarefa do autêntico ser pessoa é desenvolver em si o bem e tirar o poder do mal.

14
Existe um mal que não se baseia numa decisão livre?

A Bíblia retrata muitas vezes pessoas que são forçadas ao comportamento errado e não conseguem discernir livremente. Isto já começa com a cobra que seduz Adão e Eva. Também Caim, que matou seu irmão Abel, não agiu com plena liberdade nesse ato. A raiva que se apossou dele teve tal poder que ele não conseguiu fazer outra coisa. Quando a Bíblia fala, pois, do mal, não nos mostra apenas as situações típicas de decisão em que a pessoa se decide livremente entre um caminho e outro.

Essas situações de livre escolha também são mencionadas na Bíblia. Sobretudo os profetas colocam as pessoas diante da alternativa de se decidirem pelo bem. Assim consta no profeta Miquéias: "Já te foi revelado, ó ser humano, o que é bom e o que o Senhor exige de ti: nada mais do que praticar o direito, amar a bondade e caminhar humildemente com teu Deus" (Mq 6,8). Sempre existem, pois, as duas coisas: o bem pelo qual eu me devo decidir, enquanto me decido contra o mal. E o mal que, por assim dizer, me sobrevém e me determina, antes que eu me possa decidir.

Nunca podemos julgar o quanto de liberdade está embutido no mal que percebemos de fora. Muitas vezes as pessoas são más porque foram feridas profundamente, porque o ódio ao pai as levou a um ódio abissal contra qualquer pessoa. Então o comportamento mau pode ser doentiamente neurótico. Existem certamente ainda outras ameaças mais profundas, predisposições psicóticas que prejudicam a sadia capacidade de julgamento e que estão fixadas no mal. Mas não podemos explicar o mal simplesmente com educação e predisposição. Quanto de espaço livre tem a pessoa, que foi muito prejudicada na educação e normalmente transferiu este prejuízo para outras pessoas, nós não o podemos dizer. Mas que o ser humano está simplesmente determinado a continuar praticando o mal, não condiz com nossa experiência. Mesmo limitada, a liberdade está sempre à disposição em princípio. E nossa tarefa consiste em decidir-nos neste espaço de liberdade – bem limitado muitas vezes – pelo bem e contra o mal. Só então entramos em sintonia conosco mesmos. Pois a opção pelo mal prejudica, em última análise, a nós mesmos. Com isso não fazemos bem a nós mesmos.

15
É realista acreditar na superação da violência pelo amor?

Em primeiro lugar, percebemos que a violência aumenta. As notícias sobre a violência terrorista, a violência criminosa e a violência entre os jovens cresce a cada dia. Não podemos fechar os olhos diante disso. Podemos constatar que o crime organizado abrange sempre maiores círculos e gostaria de influenciar sempre maiores campos da vida pública. Apesar disso, não abro mão da esperança de que o amor é mais forte do que a violência. A violência nunca desaparecerá do mundo. Pensar nisso seria algo irreal de minha parte. Mas eu não me entrego. Eu acredito na força do bem e na força do amor. Quando os cristãos realçam também publicamente seu amor, sem fechar ingenuamente os olhos à realidade da violência, haverá sempre a possibilidade da vitória do amor. Mas essa vitória não será perene, pois o mal está instalado no mundo. A violência é muitas vezes consequência de feridas que as pessoas sofreram e que agora desejam passar a pessoas que nada têm a ver com elas. Se for verdade que crianças feridas passam suas feridas adiante, então é mais importante ainda criar as crianças com amor, para que as feridas não continuem a se propagar sempre mais. Há necessidade de fé e esperança para confiar no amor que pode curar pouco a pouco crianças feridas e, assim, impedir a violência, rompendo a espiral de sempre novas feridas.

A violência que predomina no mundo através de associações terroristas ou criminosas precisa, por um lado, de uma resposta enérgica. É preciso colocar limites claros, que digam francamente que a sociedade não aceita essa violência. Por outro, não devemos admitir que grupos de violência ditem as regras do jogo. Mas devemos sempre – mesmo quando reagimos com energia – voltar-nos para a nossa paz e liberdade interiores, para não reagir com ódio, mas com amor. Seja qual for a consequência, o amor sempre deixa ao outro a possibilidade da conversão. E devemos tentar ir mais fundo e perguntar de onde vem essa energia criminosa e o que se pode fazer a fim de que seja combatida a causa do incêndio. A causa está muitas vezes em medos e complexos de inferioridade. Estou convencido de que a verdadeira superação da violência acontece por via mental e espiritual. Precisamos confiar na força do espírito e do amor. A resposta inteligente e realmente eficaz para a onda da violência está aqui.

16
Como defender-se contra a maldade e a agressão?

Jesus nos aconselha a oferecer a outra face quando alguém nos bate na face direita. Com isso não quer dizer que devemos simplesmente admitir o mal. Em nosso mundo, é preciso opor-se ao mal. Caso contrário, ele estará em breve nas mãos de gente má. Bater na face direita não é sinal de violência para o judeu, mas de desonra. Não se bate na outra pessoa com a palma da mão mas se toca com desprezo com as costas da mão. Jesus quer dizer: quando você coloca sua honra em Deus, nenhuma pessoa pode tirá-la de você. Não há necessidade de defendê-la. Você pode tranquilamente oferecer também a outra face. Portanto, é sinal de superioridade interior e não de fraqueza oferecer a outra face.

Mas isto não significa que eu suporte passivamente a agressão da outra pessoa. Tenho o direito de reagir e me defender. Mas não devo revidar com a mesma arma; caso contrário, haverá um conflito de longa duração. A questão é como encontrar caminhos não violentos para vencer a agressão da outra pessoa. No estudo dos traumas, é sugerido que a pessoa "se retire para um lugar seguro, onde o mal não a pode atingir". É certamente um bom caminho para fugir do poder do mal. Em cada um de nós há um espaço interior de paz e tranquilidade, no qual Deus mora em nós. E lá onde Deus mora em nós, o mal não tem acesso. Lá ele não pode adquirir poder sobre nós. E lá também não nos pode prejudicar ou ameaçar.

17
Sou realmente livre? E sob que aspecto? Ou a minha liberdade é pura ilusão?

"Viver como cada um quer", assim definiu Aristóteles a liberdade. Significava, com isso, a possibilidade de colaborar na estruturação da vida em coletividade. Na Antiguidade, isto só valia para um pequeno grupo de pessoas. O cristianismo contribuiu para que também a concepção política de liberdade fosse ampliada, porque referia todas as pessoas individuais diretamente a Deus. Mas quão livres realmente são a vontade e o agir humanos, sobre isso os pensadores sempre formularam posições diferentes nas várias épocas.

A filosofia diz que o ser humano é livre e que pode se decidir livremente pela vida ou pela morte. Já a psicologia vê esta liberdade bem mais limitada. Sabe que, muitas vezes, a liberdade é ilusão: nós achamos que decidimos livremente, mas, na verdade, repetimos velhos modelos de vida que assumimos de nossos pais e avós.

A pesquisa sobre o cérebro questionou mais uma vez nosso conceito de liberdade. Observou como se processam as decisões no cérebro humano. Contudo, a pesquisa cerebral só consegue observar quais os instrumentos que são utilizados no cérebro durante a tomada de decisão, mas não consegue formular um último julgamento sobre a liberdade humana.

Apesar disso, temos de levar em consideração os dados da psicologia e da pesquisa cerebral, a fim de não falarmos de modo ingênuo sobre a liberdade.

É óbvio que somos marcados por nossa história pessoal de vida, por nossos genes, por nossa estrutura cerebral. Mas podemos dizer que existe uma liberdade definitiva: podemos decidir-nos pela vida ou contra ela. Quando acordamos de manhã, está ao nosso livre dispor como ficamos diante da vida hoje. Depende de nós dizer sim a este dia ou lamentar que temos de fazer isto ou aquilo e que estamos limitados em nossa liberdade. Não temos liberdade absoluta, apenas relativa, mas nesta liberdade nós decidimos, em última instância, sobre nós mesmos.

Esse modo de pensar não é certamente novo. Já a filosofia estoica da Antiguidade sempre acentuou a liberdade que temos também naquilo que nos é predeterminado. Não podemos escolher livremente a doença ou a velhice. Mas qual a atitude diante delas, isto depende de nossa liberdade. E a liberdade definitiva consiste em acatar interiormente o que nos é predeterminado e decidir-nos por aquele de quem recebemos nossa vida.

A Bíblia considera a liberdade de outro modo. Paulo concebeu a existência do ser humano como estando sob uma coação. Por um lado, existe a coação de ter de comprovar-se diante dos outros e justificar-se diante de Deus. Por outro, existe o pecado como um poder que nos mantém presos. Não fazemos o bem que queremos, mas o mal que não queremos (cf. Rm 7,15s.). A liberdade, para Paulo, consiste numa experiência libertadora, que ele fez no encontro com Cristo. Não precisamos mais comprovar o nosso valor; somos aceitos incondicionalmente. Essa experiência, Paulo a declarou aos gálatas: “Foi para a liberdade que Cristo nos libertou” (Gl 5,1). Quem colocou seu fundamento em Deus está livre do poder das pessoas. Ele não se orienta pelas expectativas e padrões delas. Esta experiência é, em suma, a experiência mais profunda de liberdade. Pois agora não estou mais sob o domínio de pessoas. Podem, até, comandar exteriormente sobre mim, mas não sobre o meu verdadeiro si-mesmo. Isto é ser livre. E a partir daí se define também de modo novo o sentido da vida humana.

18
De que modo as pessoas perguntam pelo sentido?

"Não existe sentido da vida. Quem pergunta pelo sentido da vida é doente", foi o que escreveu Sigmund Freud. Mas assim como o ser humano luta pela felicidade ou deseja a liberdade, também é uma necessidade sua procurar pelo sentido. Sem ele, a pessoa tem muito pouca motivação para viver a vida em plenitude. O psicoterapeuta e psiquiatra judeu Viktor E. Frankl defendeu uma posição contrária a de seu mestre, Sigmund Freud. Ele mesmo constatou no campo de concentração, durante o Terceiro Reich, que sobreviveram mais daquelas pessoas que descobriram um sentido em sua vida e que "disseram sim à vida", apesar das mais difíceis circunstâncias. Após sua libertação, desenvolveu uma linha própria de terapia, a chamada logoterapia, que parte do sentido (= *logos*). Frankl estava convencido de que o ser humano, como ser espiritual, precisava urgentemente de sentido da vida tanto quanto de comida e água. Muitas pessoas, dizia ele, ficam doentes porque não encontram mais sentido na vida.

Frankl fala de três valores que dão sentido à nossa vida: em primeiro lugar estão os valores dos sentidos. Quando sinto algo bonito, não pergunto neste momento pelo sentido, pois então a vida tem simplesmente sentido e está realizada.

Em segundo, vêm os valores criativos. Quando sou criativo, quando algo me sai bem, sinto a vida cheia de sentido.

Em terceiro lugar estão os valores de atitude. Eu posso encontrar um sentido de vida também na doença, ou em situações difíceis como numa prisão injusta e brutal. Depende da atitude que tenho para com a doença, a prisão, para com aquilo que me foi predeterminado. Frankl fala nesse contexto de "força teimosa" da mente, que pode opor algo poderoso à pressão externa. Por isso, é minha tarefa espiritual ver um sentido ou colocar um sentido em minha doença, em meu sofrimento.

Procuramos por sentido, porque nossa vida é um caminho perene. Não queremos vagar sem rumo. Qual é o sentido da vida? Devemos procurá-lo e produzi-lo nós mesmos, ou ele nos é predeterminado? A alternativa parece colocada de modo errado.

Para mim, o sentido da vida consiste, por um lado, em que vivamos a única vida que Deus nos deu. Por outro, temos de descobrir também em nosso agir um sentido. Por que levanto de manhã todo dia e me prontifico a trabalhar, a servir e ficar à disposição de outras pessoas?

Qual é o sentido de minha vida? É uma pergunta da qual não podemos escapar. Sempre precisamos ter clareza: qual é precisamente o objetivo que nos propomos? Só depois de colocada esta pergunta, nossa vida vai ter sentido e realização.

Para Viktor Frankl, a vida não tem sentido em si. Depende mais de cada pessoa dar um sentido a ela. Isto se refere sobretudo a jornadas difíceis em sua vida. Lá é duro descobrir um sentido. Mas é precisamente aí que entra nosso espírito, para que demos, também lá, um sentido à nossa vida. Este sentido não pode ser qualquer um. Tem de corresponder à natureza de nosso ser humano. E a esta natureza pertence que podemos reagir em liberdade àquilo que nos é predeterminado. Podemos rebelar-nos contra isso, ou aceitá-lo e fazer dele algo que tenha sentido.

Sentido tem a ver também com relação. Posso encontrar o sentido de minha vida se esclareço para mim: "O que gostaria de transmitir na verdade a outras pessoas com minha vida? Qual é a motivação mais profunda que me leva diariamente a fazer o que faço e qual é a razão de me esforçar? Qual é a mensagem que gostaria de anunciar com minha vida às outras pessoas?" O sentido mostra-se, portanto, também aqui, como uma abstração da limitação do ego e num relacionamento com os outros.

III

Em que posso confiar? A fé faz sentido?

1
Como encontrar um ponto seguro neste frenesi de nosso tempo?

Tudo muda muito rápido e com grande barulho. É uma experiência típica de nosso tempo. Para encontrar um ponto seguro no torvelinho dos acontecimentos, preciso antes de tudo ficar parado, em vez de me agitar cada vez mais. Ficar parado significa ficar quieto. Na quietude consigo uma posição firme. Eu estou comigo. Eu sei que sou amparado. Quando fico parado, posso perguntar-me: o que me dá firmeza? Quais são minhas raízes que me dão segurança? Eu participo das raízes de meus pais e avós, das raízes das pessoas em minha casa. Sua atitude de vida, seu modo de reagir aos problemas e conflitos da vida se gravaram em mim. Eles me dão estabilidade – uma certa posição. Eu tenho possibilidade de resistência se conseguir ficar onde estou. Ser responsável por mim, estar comigo, estes são os pressupostos nesse frenesi de nosso tempo para encontrar um ponto firme. Não preciso orientar-me sempre pelas outras pessoas; fico naquilo que eu sou.

Também a fé pode dar um ponto firme em meio ao frenesi das situações e à mudança turbulenta das possibilidades. A Epístola aos Hebreus define a fé como "o fundamento do que se espera" (Hb 11,1). Crer significa ter um ponto firme, estar firmemente estabelecido sem se virar segundo o vento das opiniões que mudam a cada dia. "Se não acreditardes, não permanecereis, não vos mantereis firmes" (Is 7,9). Paulo fala que devemos ficar firmes na fé. Desse modo, nós estamos inseridos numa realidade maior que nos dá segurança em meio à insegurança do mundo.

Só quando fico quieto posso perguntar-me: sobre o que devo construir? Será sobre as pessoas e sua solicitude? Mas elas só me dão uma firmeza relativa. De tudo o que tomo em consideração, encontrarei finalmente um fundamento último: Deus. Jesus diz que devemos construir nossa casa sobre a rocha de sua palavra e não sobre a areia de nossas ilusões como, por exemplo, sobre a ilusão de que podemos viver da concordância e subvenção dos seres humanos.

Portanto, precisamos sair do tempo para encontrar nele um ponto seguro. A fé é um sair para fora do turbilhão, para encontrar um fundamento estável sobre o qual podemos construir a casa de nossa vida, sem que ela venha a ruir. Se eu tiver um apoio firme na fé, posso também entrar num bom relacionamento com Deus, no qual estou, mas também em relacionamento comigo mesmo(a) e com as demais pessoas. Há psicólogos que acham que a doença de nossa época é a falta de relacionamento. Muitas pessoas não teriam qualquer tipo de relacionamento consigo mesmas, nem com as coisas, nem com as demais pessoas e nem com Deus. Para mim, a fé é sobretudo a faculdade de colocar tudo na minha vida em relacionamento com Deus e, em última análise, estar sempre em relacionamento com o transcendente e com o chão sobre o qual piso, em relacionamento comigo mesmo(a) e com as pessoas que se colocam a meu lado para ter um encontro comigo e, neste encontro, achar seu próprio ponto seguro na vida.

2
Se tudo muda tão rapidamente, é possível a gente se fiar em alguma coisa?

Mudanças cada vez mais rápidas e mais profundas em todos os campos e setores da vida marcam nossa época. A ciência e o saber ficam superados rapidamente. Os padrões técnicos são revolucionados em ciclos sempre mais frenéticos. Também as estruturas sociais que pareciam tão sólidas ao tempo de nossos pais entraram em colapso. Mas em todas essas mudanças existe sempre também alguma coisa imutável, que permanece estável em toda essa transitoriedade. Assim há, por exemplo, valores que permanecem, como as quatro virtudes cardeais, que a filosofia grega especificou, que valem ainda hoje: justiça, fortaleza, temperança e prudência. As virtudes teologais valem também ainda hoje: fé, esperança e caridade. A convicção de que a dignidade do ser humano é inviolável é atemporal. As modas trocam, as opiniões se modificam, uma corrente de espírito da época vem substituir outra. Não podemos confiar nisso. Por isso, é importante ter pensamento próprio e não aceitar simplesmente o que os outros dizem. É importante saber: não dependo de modismos e não sou produto do espírito da época. Sobre tudo o que me vem de fora, eu me pergunto, pois: corresponde isto ao que penso? Consigo entender isto direito? Como me sinto quando ouço isto ou aquilo? É apenas uma opinião modista ou toca alguma coisa em meu coração? Quando nosso saber muda sempre com mais rapidez, fica, contudo, a convicção: podemos confiar naquilo que corresponde à sabedoria como foi preconizada desde tempos imemoriais pelas pessoas. Isto não significa que não admitamos nada novo. A sabedoria exige também sempre novos conhecimentos. Mas precisa ter disponível dentro de si uma medida que mostre se o saber é útil ao ser humano e se condiz com a natureza da criação e com o mistério de Deus.

Experimentamos no dia a dia que muitas vezes não podemos confiar nas pessoas. Alguém nos jurou fidelidade, mas nos deixou na mão. Uma outra pessoa parece que tem uma posição firme e uma opinião convincente, mas de repente se envolve em escândalo. Os políticos vão de acordo com o vento. Precisamente nessa situação é importante não reagir com cinismo, com ironia, nem mesmo com resignação. Sempre existem pessoas em quem podemos confiar, que não prometem demais, que são honestas e também fiéis. E existe, por fim, um fundamento seguro de minha vida no qual posso confiar: mesmo quando eu me abandono, porque não me suporto mais, Deus não me abandona.

Para as crianças é especialmente importante a segurança. Para elas é importante poder confiar e acreditar que seu anjo não as abandona, ainda que os pais as abandonem, que seu anjo as acompanha e as suporta também lá onde elas mesmas não mais se podem suportar. Semelhante confiança profunda lhes faculta ficar consigo e desenvolver sua pessoa. Só essa confiança lhes dá, em meio a um mundo inseguro, uma boa posição. Pessoas que nunca se sentiram seguras tornam-se muitas vezes "pacientes-*borderline*" (limite). Eles não têm nenhum apoio. E leva tempo até conseguirem estabilidade.

Mostra a experiência que nenhuma pessoa pode viver sem confiança. Mesmo quando é enganada frequentes vezes pelos outros, deseja encontrar pessoas nas quais possa confiar. Tem dentro de si o pressentimento de que precisa da confiança e, sobretudo, de um porto seguro neste mundo. E quando as pessoas a decepcionam de novo, vai procurar outra paragem. Também a confiança em Deus precisa normalmente da experiência da confiança humana. Mas também acontece que a falta da confiança humana nos leva a colocar nele a confiança. Pelo menos cada pessoa tem em si o desejo de poder confiar. E no desejo da confiança já está em germe a confiança dentro de nós.

Trata-se de ganhar confiança, de fornecer confiança e fortalecê-la. Deveríamos tornar-nos os garantidores da segurança dos outros num mundo de constantes mutações. Isto fará o mundo melhor e lhe dará mais sentido.

3
Posso confiar em mim mesmo(a)?

Muitas vezes nós nos sentimos dignos de pouca confiança. Nós mesmos não nos somos fiéis. Já fizemos tantos bons propósitos e, apesar disso, caímos sempre nos mesmos erros. Prometemos muito aos outros e não o cumprimos. Não podemos confiar em nossa própria força. Ela fracassa bem cedo demais. Mas, para felicidade nossa, não fazemos apenas aquelas experiências: em nós não existe apenas a nossa energia. Em nós há também uma outra força: a graça, que nos é dada e nela podemos confiar.

Descobrimos em nós opiniões, sentimentos, direções diversificadas em que nos movemos. Nosso humor é discrepante e muda. E nós sentimos que mudamos com bastante frequência. O que considerávamos santo e incontestável há dez anos, não serve mais para hoje. Compreende-se então que algumas pessoas, mesmo sem pensar na coerência, desesperam e preferem agarrar-se a qualquer autoridade externa, a um dirigente político ou a um guru espiritual.

Apesar disso, há algo em nós em que podemos confiar. Quando busco a tranquilidade e escuto o meu interior, escuto em primeiro lugar muitas vozes. Sinto: nelas não posso confiar. Mas quando essas vozes se dissipam, quando sua confusão cessa, tornam-se audíveis em mim vozes suaves. Nesses impulsos suaves de minha alma, sinto uma conformidade interior. E eu sinto: nesses impulsos suaves eu posso confiar. Mas eu os apresento primeiramente a Deus na oração, para saber se não estou fingindo algo para mim. Na oração, sinto a qualidade dessas vozes suaves em mim. Eu me entrego ao sabor daquilo que significam para mim. Quando me levam à maior vivacidade, liberdade, paz e amor, então vêm de Deus. Então posso confiar nelas. Mas quando me tornam mesquinho(a), exigem demais de mim ou me causam medo, provêm antes do superego, que é a instância inconsciente que representa as proibições da autoridade dos pais e as normas da sociedade. A este não devo confiar incondicionalmente. Pois ele nem sempre tem as melhores intenções comigo.

Lá onde estou em sintonia com meu ser mais íntimo, sou também uno com Deus. E lá sinto que posso confiar no Deus presente em mim e, através de Deus, em meu verdadeiro si-mesmo.

4
Qual é a segurança que oferece a fé?

A fé tem diversos aspectos. Um deles é que crescemos num sistema de fé, marcado não só pela dogmática da Igreja, mas também pela fé vivida de nossos antepassados. Com essa tradição de fé recebemos também certa segurança. Essa tradição já é uma forma conjunta de respostas a perguntas que as pessoas sempre fizeram. Ela nos mostra como podemos reagir aos desafios da vida, à doença e ao sofrimento, à decepção e ao fracasso, ao conflito e à insegurança, às expectativas de dentro e de fora. Essa fé marca nosso pensar e sentir a partir de dentro. Mas não é muito refletido. Quando nós mesmos começamos a pensar, questionamos esse sistema de fé que nos foi transmitido. Mas não devemos menosprezá-lo. Nossas raízes estão no húmus dessa tradição e nos dão segurança. Em toda vida, chega-se a um ponto em que nos apartamos daquilo que aprendemos. E isto não está errado: devemos questioná-lo de modo crítico. Mas nesse questionamento, devemos provar também o que houve de bom no transmitido e até que ponto nos pode conceder segurança, visto de maneira consciente.

Outro aspecto é este: a fé dá sentido à nossa realidade. Ela não é nenhuma certeza absoluta e não dá nenhuma segurança total. Não há fé sem dúvida. Mas também não há não fé sem dúvida. A questão é se essa fé corresponde à realidade ou não. Podemos encarar os modelos de interpretação com os quais os não crentes entendem a realidade. Isto corresponde melhor à realidade do que o entendimento dos que têm fé?

Para mim é uma ajuda refletir bem na alternativa da não fé. "Tudo é fantasia. Não podemos saber nada". Quando reflito nessa alternativa, nasce em mim uma profunda certeza: a interpretação da fé tem razão. E amadurece em mim a decisão: "eu aposto nas cartas da fé; eu me decido pela fé". É claro que não podemos comprovar a fé. Mas ela é razoável. Não é irracional quando aposto nas cartas da fé. Contudo, faz-se necessário sempre o salto para a fé, é preciso ter confiança e decisão.

Um outro aspecto da fé não aponta para o saber e a interpretação, mas para a atitude. Eu tenho fé *em alguém*. Ter fé é confiar numa pessoa. Mesmo que essa confiança tenha Deus como sua última certeza de vida – muitas pessoas ainda acham impossível confiar em Deus, que lhes parece tão distante. Mas, apesar disso sentem-se de alguma forma amparadas. Dietrich Bonhoeffer falou em sua famosa poesia, pouco antes de seu assassinato no campo de concentração, das bondosas forças que nos suportam: "Amparados maravilhosamente por bondosas forças, esperamos consolados o que pode acontecer. Deus está conosco de noite e de manhã e certamente em cada novo dia". Essas palavras também as podem aplicar as pessoas que acham difícil reconhecer Deus como o fundamento de sua confiança.

5
A fé só se aplica àquilo que ainda não sabemos?

"Ter fé significa não saber", gostam de repetir alguns críticos. Isto seria uma compreensão substituta da fé, que seria oportunamente trocada por conhecimento seguro. Mas Deus é mais do que simples hipótese de trabalho. Se a fé só se referisse àquilo que ainda não sabemos, estaria baseada então sobre um fundamento frágil. Pois então deveria fornecer constantemente retroalimentação à medida que o saber vai conquistando novos campos. A fé não é uma "opinião" aleatória e não está em oposição à ciência. Não se limita àquilo que ainda não conhecemos. Ao contrário, ela abrange todo o nosso sistema de conhecimento. Ela é mais do que saber científico. Ela é a interpretação de tudo o que existe. A fé é como um manto que envolve o saber. É a confiança de que nós, com todo nosso saber e não saber, estamos nas mãos bondosas de Deus e que a nossa vida está cercada por seu amor.

Quando falamos de artigos de fé, temos de refletir bem naquilo que desejamos dizer. Tomemos, por exemplo, a crença de que Deus criou o mundo e que formou o ser humano. Se nós tomássemos ao pé da letra a história da criação como nos é narrada na Bíblia, então a crença na teoria da evolução ou do *big-bang* estaria superada. Contudo, a fé em Deus como criador do mundo, como princípio e aperfeiçoador da realidade em que vivemos, não é refutada por teorias científicas sobre o surgimento concreto do mundo ou do ser humano. A fé expressa algo mais, ou seja, que por trás de tudo que a ciência observa e pesquisa está Deus. Não conseguimos demonstrá-lo com os meios da ciência natural, mas podemos afirmar sua existência. Deus não é um sucedâneo daquilo que ainda não foi pesquisado. Em meio a tudo que sabemos e que ainda saberemos, temos a firme confiança de que somos amparados por Deus e a ele relacionados em todo nosso falar e agir.

6
Pode a ciência proporcionar um sentido diferente daquele da fé?

A historieta a seguir procura mostrar a diferença: Perguntaram certa vez a Albert Einstein se achava possível que tudo pudesse ser explicado cientificamente. Respondeu: "Sim, mas não teria sentido nenhum". E explicou sua resposta: "Se você quiser expressar a quinta sinfonia de Beethoven em sinais matemáticos, como curvas de pressão do ar sobre o tímpano, isto é possível, mas já não será a quinta sinfonia de Beethoven".

A fé não se refere àquilo que se pode provar cientificamente. Ela interpreta, antes, os conhecimentos científicos e os coloca num âmbito maior. Aquilo que se pode provar cientificamente é importante para nossa vida, para a explicação da criação e para a pesquisa com a qual podemos melhorar a nossa vida. Mas os conhecimentos científicos não interpretam nossa vida. Não respondem às perguntas últimas que são as mesmas há milênios: "De onde venho? Para onde vou? Quem somos?" Para essas perguntas a ciência não tem resposta. Ela consegue, no máximo, esclarecer alguma coisa sobre o funcionamento da psique e cérebro humanos. Pode dizer algo sobre a origem do mundo e sobre a evolução. Mas não consegue tornar-nos plausível quem é a causa primeira de tudo. A ciência pode nos explicar o mundo, mas não pode proporcionar-nos nenhum sentido. E sem sentido, nós não conseguimos viver. Nós precisamos confiar em algo que dê realmente sentido à nossa vida.

Também no campo inter-humano sabemos que devemos acreditar naquilo em que nos fiamos. Eu preciso acreditar no amor da outra pessoa na qual gostaria de confiar. Este amor não é possível demonstrá-lo cientificamente. Ele é uma força que nos move no mais profundo de nosso ser. Podemos inclusive observar e pesquisar no cérebro suas ações e reações sobre nossa psique. Nem a beleza conseguimos provar. E o amor é um ato pessoal, assim como a fé. Não é possível explicá-lo de modo puramente científico.

7

A pergunta sobre o sentido não recebe tantas respostas quantas são as pessoas?

Toda pessoa precisa dar sua resposta bem pessoal à pergunta sobre o sentido. As respostas das diversas religiões podem fornecer algum parâmetro dentro do qual a pessoa coloca a pergunta sobre o sentido e para a qual deve encontrar ou desenvolver sua resposta. Mas quando comparamos as religiões, vemos que o parâmetro não é tão diverso assim.

Toda religião está convencida de que o sentido da vida humana está em reconhecer o fundamento último da vida, louvar a Deus, orientar sua vida pela vontade de Deus, preservar a ordem da criação ou do cosmos e respeitar o ordenamento da lei de Deus. Algumas religiões consideram Deus mais como razão primeira de todo ser e não tanto como legislador. Mas também para elas é importante passar além do simplesmente terreno e entrar em relação com o divino ou o sagrado.

Em todas as religiões há valores semelhantes, que valorizam a vida do ser humano. E precisamente hoje em dia, numa situação histórica em que as religiões e culturas se aproximam sempre mais, é, sem dúvida, tarefa importante das religiões testemunhar perante o mundo todo seus valores comuns. Hans Küng tentou, com o projeto

Weltethos (ethos mundial), descobrir em todas as religiões e culturas os valores e critérios normativos com valor universal. Ficou patente que em todas havia, por exemplo, um sentido de justiça e reciprocidade, um respeito profundo pela vida, e que há determinadas normas para a vida em comum das raças. Tornar clara a universalidade desses valores é contribuição importante para o futuro de um viver comum amistoso entre religiões e culturas.

Mesmo estando no parâmetro de determinada tradição relgiosa, é preciso que cada qual dê sua resposta à pergunta em que vê o sentido de sua vida. E ela terá para cada pessoa um peso, algo diferente. Alguém dirá: o sentido de minha vida está em ser cada vez mais permeável às experiências transcendentes. Outro: meu sentido de vida é ajudar o próximo. Ou: tornar o mundo mais humano, colaborar para um futuro melhor. Ou: cuidar de minha família, para que os filhos possam crescer e se desenvolver bem.

Também na fé há acentuações diferentes: para uma pessoa, a experiência mística é o objetivo de sua vida, para outra é o seguimento de Jesus; para uma terceira é a difusão da fé ou o objetivo de transmitir às pessoas coragem de viver pela fé. Cada qual precisa descobrir o que lhe serve melhor, o que dá sentido à sua vida.

8
Existe uma ciência das religiões que seja da humanidade? Ou isto foi substituído pelas ciências?

Fala-se, na história da filosofia, da *philosophia perennis*, da filosofia perene. Ken Wilber, um filósofo e psicólogo americano, tentou reavivar a ideia da *philosophia perennis* e reunir a ciência da humanidade, isto é, fazer uma síntese dos diversos enfoques filosóficos existentes.

Existe evidentemente um saber da humanidade com base nas religiões que ainda hoje tem sentido. É claro que não é um saber científico, mas um saber que se expressa por mitos e símbolos, por imagens e visões. Por isso, esse saber também não pode ficar ultrapassado, pois ele se encontra em outra área do que o saber científico. Para mim, é convincente a perspectiva do grande psicólogo C.G. Jung, que disse: bem no fundo de nossa alma existe um saber que nos une a todas as pessoas. Ele é expresso na respectiva religião e cultura com outras imagens e símbolos. Mas há grandes concomitâncias, de modo que podemos confiar neste saber interior da alma.

Obviamente pode alguém objetar que tal saber é apenas uma tentativa de acalmar a alma com referência ao medo da vida. Esta foi a opinião de Sigmund Freud: deveríamos abandonar todas as ilusões e só nos voltar para o dia a dia com o nosso não saber. Contudo, para mim, isto não é perspectiva que promete vida; isto é sinal de conformismo.

Para mim é mais razoável confiar no saber geral da alma que encontra nas religiões expressão diferente, mas que revela uma linha comum. Esta linha fundamental e básica é que nossa vida não acaba na morte, mas que morre para uma realidade divina. O que todas as religiões testemunham é que o ser humano só se torna plenamente humano quando ele se transcende e tem parte em Deus, no divino, no mundo da transcendência.

Este saber básico das religiões está em outro plano do que o saber das ciências que pesquisa a regularidade da natureza e do espírito e apresenta suas teorias a respeito para discussão. A religião ultrapassa o plano daquilo que se pode constatar e demonstrar. Ela transcende o saber das ciências para dentro de um mundo no qual é razoável acreditar, mas que a razão por si só não pode reconhecer.

IV

Onde está Deus? Posso senti-lo?

1

Quem é Deus na verdade? E ser um com Ele, isto é possível também para pessoas normais?

A pergunta quem é Deus, na verdade, nem mesmo a teologia sabe respondê-la numa única frase. Deus é o criador do mundo, mas é também o espírito que penetra o mundo todo. Ele é o amor que nos cerca e que está em nós. Ele é o mistério indescritível que se manifesta em nós. Ele é um tu que está diante de nós. E é o espírito que borbulha sem cessar em nossa alma qual fonte e nos enche de vigor e vitalidade.

Em todas as religiões, interessa à mística a união com este Deus incompreensível que, em última análise, é amor por natureza. A mística não é algo alienado do mundo, mas um caminho de não só acreditar em Deus, mas de senti-lo. O jesuíta hindu Antony de Mello define a mística como um despertar para a realidade. Se eu olhar a realidade com olhos despertos, vou ver Deus em toda parte. Mística significa, pois, contemplar a realidade de tal forma que na contemplação eu me torne um com ela e com Deus como o fundamento de todo ser. David Steindl-Rast fez referência a isto: existe também uma mística da gratidão no enfoque de que nós não devemos nossa vida a nós mesmos, mas que a recebemos de presente.

Esta experiência do relacionamento com Deus pode ser feita por qualquer pessoa. Ser um com Deus não é privilégio do místico, do bem dotado espiritualmente, mas de pessoas "religiosamente afinadas".

Na Eucaristia, experimentamos uma forma especialmente intensa de tornar-se um. Na comunhão, nós nos tornamos um com Jesus Cristo – interpenetrados por seu amor – e nele um com Deus e com toda a criação. E ao tomar consciência desse ser um, também nos tornamos um conosco mesmos. Então às vezes o tempo pára. Tudo é apenas uma coisa só.

Mas a experiência do ser um não se limita a isto. Cada pessoa experimenta sempre, em sua vida, momentos do ser uno. Descansando num banco da praça, sente-se de repente um consigo mesmo(a) e com o mundo, em consonância com sua vida. Neste sentimento de ser um, é também um com Deus, pois este sentimento não exclui nada; ele abarca todos os campos do ser. Essas experiências de ser um, também as têm pessoas que nunca poderiam acreditar que eram tão religiosas. Nesse momento, sentem como se seu ser passasse para além de seu estreito eu e tocasse o mistério do ser. Segundo minha convicção, isto é Deus. Outro caminho é a meditação. Quando estamos totalmente concentrados na respiração, sentimos como o sopro de Deus nos penetra e como nós nos tornamos um na respiração com o espírito de Deus, que tudo vivifica em nós.

2
Só posso acreditar em outras pessoas. Por que acreditar em Deus?

Como criança aprendi a confiar nos meus pais e neles acreditar. Tive a experiência de que eles queriam o meu bem. Essa fé posso tê-la também com relação às outras pessoas. É bom poder confiar nas pessoas. Mas basta só construir sobre seres humanos? Não é uma necessidade original do ser humano confiar no todo, confiar no mundo? Mas o próprio mundo é muitas vezes tão frágil! Isto nós o sentimos não raras vezes nas catástrofes do meio ambiente. Como é acreditar em Deus?

Certamente existe um desejo de confiar naquele que é responsável por tudo e não se considerar um objeto arbitrário de um poder invisível e negativo que leva muitas pessoas à fé. Algumas pessoas têm fé porque se revoltam contra a situação do mundo tal qual ela se apresenta de fato a elas. Seu protesto contra o mundo as leva para fora deste mundo, para o âmbito do além. Este mundo, que elas sentem como imperfeito, apresenta-se a elas por demais insuficiente. Elas acreditam que deve existir algo além dele que mantém tudo coeso e que satisfaz nosso desejo de verdadeira justiça.

A questão para saber o que implica crer em Deus ou para que serve esta fé não sei respondê-la. Só posso afirmar que existe na alma humana uma necessidade originária de voltar a confiança para alguém que criou o mundo e que mantém nas mãos o todo. Naturalmente, essa necessidade originária no ser humano não é ainda uma prova definitiva de Deus. E posso perguntar também se essa necessidade não é o simples resultado da evolução para que o homem viva melhor neste mundo, ou se esse desejo corresponde a uma realidade. Mas, para mim, a decisão de que meu desejo corresponda a uma realidade é uma decisão bem racional, que posso justificar perante minha razão. Pois se a necessidade originária de fé é apenas um truque da evolução em minha alma, então tudo é sem sentido, somos então meros produtos da natureza. E essa concepção no mínimo não tem mais nada de convidativo. Parece-me então ter mais sentido decidir-me pela alternativa da fé.

Deus não existe como objeto entre outros neste mundo. Não está no mesmo plano como algo que posso enfileirar um ao lado do outro. Não posso, portanto, afirmar com o mesmo grau de certeza: acredito na existência da Nova Zelândia e: eu creio em Deus. Deus não é algo, não é um visível que se encontra palpável no mundo. Ele é o fundamento de tudo, o criador de tudo. E ele é aquele que fala comigo no mais profundo de minha alma, que colocou em minha alma um pressentimento da transcendência, de algo que ultrapassa este mundo. O teólogo evangélico Paul Tillich chama Deus de “aquilo que me diz respeito imprescindivelmente”. É, portanto, uma realidade com consequências decisivas em minha vida.

3
Existem pessoas com poucos dotes religiosos?

Existem certamente pessoas com um dom religioso maior. São mais sensíveis ao transcendente do que outras pessoas que encaram o mundo com olhos de cientista natural. Mas Deus se revela também às vezes a pessoas religiosamente bem “desafinadas”. Existe a surpresa divina. Ela às vezes sobrevém à nossa vida sem que estejamos preparados ou disponíveis para ela.

Portanto não devemos apresentar o nosso pouco pendor religioso como razão para dizer que não conseguimos experimentar Deus. Toda pessoa pode experimentar Deus.

Há sem dúvida muitos modos de acesso à experiência de Deus. Pessoas voltadas para as ciências naturais podem sentir algo de Deus quando examinam a beleza do mundo e suas relações e nisso reconhecem algo que é maior do que elas mesmas. O que veem na natureza leva ao menos a pressupor um fundamento para toda esta ordem e suas maravilhosas leis. São Paulo escreve na Epístola aos Romanos que todo aquele que contempla com olhos abertos a criação pode reconhecer nela os rastos de Deus: “Desde a criação do mundo, o invisível de Deus – o eterno poder e a divindade – torna-se visível à inteligência através de suas obras” (Rm 1,20).

Os artistas têm outro modo de se aproximar de Deus. Quando um artista medita sobre um quadro e se identifica com ele, consegue ter um pressentimento da beleza absoluta. Quadros e imagens são um reflexo do eterno. Talvez o artista não fale de Deus, mas está aberto para o mistério do mundo. E no mistério pressente algo de Deus. Um músico que faz soar um tom límpido, pressente no que ouve o inaudível. O som o conduz para além deste mundo. Também ele não descreverá logo sua experiência com a palavra Deus. A Palavra de Deus está muitas vezes por demais ligada a experiências da infância ou a frases feitas de teólogos. Mas assim que o músico faz soar o inaudível sabe que há dentro dele algo de transcendente, algo do mistério do belo absoluto. O escritor perceberá na linguagem algo do mistério da fé. Paul Celan, que foi um escritor judeu não tipicamente piedoso, queria expressar em sua linguagem o inexprimível e assim se aproximar do indizível. Gerhart Baumann, amigo do escritor, escreve em suas *Memórias sobre Paul Celan*: ele estava convencido de que "uma fé sem linguagem era tão sem sentido quanto uma linguagem sem fé".

Ultimamente venho encontrando muitas pessoas das novas repúblicas socialistas que durante a vida toda nunca tiveram contato com a religião. Parece que não sentem falta de Deus. Nenhuma delas fala de seu desejo de Deus. Mas quando falo em particular com alguma delas, percebo que existe dentro dela um desejo de algo "mais". É difícil descrever esse "mais". Mas que este desejo do "transcendente", de algo que nos ultrapassa, de um mistério que é maior do que nós mesmos, também está nessas pessoas, tornou-se para mim evidente numa conferência que dei para dirigentes de empresa. Após a conferência, veio procurar-me um homem com lágrimas nos olhos. Contou-me que havia sido comunista convicto. Mas aquilo que eu dissera havia tocado profundamente seu coração. Não sabia explicar direito o que era. Mas um lado dentro dele, que há muito estava enterrado, havia sido despertado. Senti nessa conversa que também nessas pessoas há um desejo de "mais", em última análise, de Deus, mas que não é fácil encontrar uma linguagem que toque este desejo em seus corações e transmitir-lhes palavras com as quais possam expressar seu desejo. Uma linguagem piedosa demais assusta e afasta essas pessoas. Devo acreditar em seu desejo. Então encontrarei também as palavras apropriadas para abordá-lo.

4
O mundo funciona também sem Deus. Onde é seu lugar? Para que precisamos dele?

Na prisão nazista, Dietrich Bonhoeffer refletiu sobre a relação entre ciência e fé. Ele se insurge contra "toda fuga camuflada de piedosa" do pensamento: "Deus como hipótese de trabalho moral, política, científico-natural é abolida, está superada... Faz parte da probidade intelectual abandonar esta hipótese de trabalho e eliminá-la o máximo possível". Bonhoeffer acha com isso que não devemos abusar de Deus e querer compensar nosso pensamento deficiente. Primeiramente temos de ver e analisar o mundo com métodos puramente mundanos e científicos. Só então vem a pergunta: Como juntar Deus a este mundo?

O mundo também funciona sem a hipótese Deus. Mas quando pensamos na relação do mundo com Deus, descobrimos que a fé em Deus é uma ajuda bem grande para uma convivência mais humana neste mundo. Se não existe Deus, ao qual todas as pessoas se sentem obrigadas, só vai restar o direito do mais forte. E isto com certeza não é nenhuma bênção para a convivência humana. Poderíamos fazer a seguinte afirmativa: para que as pessoas se tratem mutuamente com humanidade, há necessidade de Deus. Mas Deus não se deixa usar, nem mesmo para dar uma convivência salutar. Ele é aquele que excede tudo. Ele força as pessoas a tomarem consciência de seus limites. E só nessa consciência é que o ser humano vai viver de acordo com sua natureza.

Quando a pessoa não acredita em Deus, é tentada a transformar-se ela mesma em Deus. A Bíblia descreve a primeira tentação do ser humano exatamente assim: ser igual a Deus. É uma humilhação para sua grandiosa autoimagem quando depende de alguém maior. Mas só quando a pessoa olha para algo maior, vai viver bem e dignamente e permitirá que as outras pessoas também vivam assim. Quando não reconhece um Deus acima dela, a pessoa tende a procurar outros deuses como o dinheiro, o poder, o sexo, o sucesso. Mas esses deuses não fazem bem ao ser humano. Eles o escravizam. A fé em Deus é por isso a garantia de sua liberdade.

A Bíblia descreve, nos primeiros capítulos do Gênesis, como se parece o mundo quando as pessoas se fazem como deuses. Há mortes e assassinatos. E entre aqueles que queriam construir uma torre até o céu, só houve discórdia em Babel. Para a Bíblia, a fé em Deus é a condição de o ser humano poder sobreviver bem com as outras pessoas e segundo sua natureza. Isto não é nenhuma concepção ingênua. Precisamente porque também as pessoas que acreditam em Deus matam as outras e procedem injustamente, os profetas têm de alertar sempre para que as pessoas se respeitem, tratem as outras com retidão e se amem.

5
O que acontece se esquecermos a Deus?

Pode realmente acontecer que a humanidade esqueça Deus e que o ser humano "volte ao estágio do animal astucioso", assim se expressou certa vez Karl Rahner. No frenesi do nosso dia a dia existe de fato o perigo de ficarmos desatentos ou surdos à sua presença. Mas, se nós esquecemos a Deus, ele não nos esquece jamais. Quando o esquecemos, ele não desempenha grande papel em nossa vida cotidiana. Vivemos como se Deus não existisse. Às vezes, porém, ele se impõe, quando estamos, por exemplo, diante de uma paisagem maravilhosa, ou quando uma música fantástica mexe no fundo da alma, ou quando o quadro de um artista nos abre para o mistério do transcendente. Nós conseguimos viver um bom tempo sem Deus. Mas algum dia vai nos faltar algo. Eu fiz o acompanhamento de um homem que tinha um cargo bem elevado numa indústria. Há quinze anos se afastara da Igreja e não se importara mais com Deus. Sua ascensão na empresa era mais importante para ele. Contou-me que nesses quinze anos não sentiu falta de Deus. Mas havia algo que o incomodava: uma inquietação interna e externa cada vez maior, de forma que uma pessoa amiga lhe disse: "Você ainda vai acabar no psiquiatra com esta sua agitação". Resolveu então procurar ajuda. E nessa procura acabou sendo hóspede em nosso mosteiro. Lá ficou tão comovido com a liturgia que percebeu, no mais íntimo de seu coração, que Deus estava ali e lhe falava.

Quando esquecemos Deus, esquecemos, na maioria das vezes, também a nós. Nesse caso não vivemos em relacionamento íntimo com nosso ser, com a nossa alma. Vivemos apenas superficialmente. Preenchemos o vazio com a agitação. Por certo tempo é possível até viver bem. Mas a qualquer momento vai manifestar-se em nós o que falta.

Muitas pessoas nem se dão conta daquilo que falta porque sempre estão ocupadas com outras coisas. Mas podemos ter certeza de que Deus se lembra de nós quando nós o esquecemos. Isto pode acontecer através de um encontro, de uma palavra que nos toca, ou através de uma experiência profunda que não sabemos explicar de outro modo do que como uma experiência do transcendente, do mistério, de Deus enfim. Só precisamos estar atentos a isso em nossa vida.

6
Como deveria eu viver para percebê-lo?

Há necessidade de atenção. Podemos abafar essa atenção com o barulho do dia e tapá-la com nosso ativismo. Preciso colocar sensores bem atentos para perceber os impulsos suaves de Deus. Há que ter uma antena bem especial. A atitude de abertura e de atenção poderia ser tal antena.

A atenção não é passiva e nunca é sem consequências: eu presto atenção no que faço, não para me controlar, mas para sentir o que percebo ao meu redor e em mim. Quando olho para o fundo de meu coração, o que percebo? São apenas as minhas próprias ideias? Ou não é o pressentimento de algo que me excede, que é maior do que eu mesmo(a)? Isto é pressentimento de Deus. Quando vou com atenção pelo meu dia a dia, posso perceber Deus no rosto de uma pessoa que me olha, na beleza de uma flor, no silêncio ao meu redor, numa igreja que aponta para algo que vai além deste mundo, posso ser "aberto" no ouvir concentrado de uma sinfonia ou na leitura atenta de um poema para uma experiência desse tipo.

Na verdade, não consigo forçar a experiência de Deus pela meditação, pela atenção ou pelo silêncio. Mas se eu viver atento, se ficar atento aos sinais da realidade a meu redor, sentirei com mais facilidade a proximidade de Deus e seus impulsos em mim e ao meu redor.

A outra coisa é a abertura. Pergunto em tudo o que vejo, escuto, cheiro, percebo: é tão-só a bela flor ou não vejo nela uma beleza absoluta, algo que sobrepassa a coisa em si? Ou eu me interrogo em meu pensamento: será que ele procede apenas de mim, ou será que não foi Deus que mandou esta ideia, esta intuição, este impulso? Eu acho que é Deus que me toca e me move.

Mas antes de mais nada – para poder experimentar Deus – preciso ter um relacionamento comigo mesmo(a). Se eu não me sentir, também não posso sentir Deus. Se não escutar a mim mesmo(a), também não posso escutar Deus. E se não tiver um relacionamento comigo mesmo(a), também não posso conceber um relacionamento com Deus. Quando eu me sinto, não estou sentindo Deus. Mas se eu seguir esses sentimentos até o fundo, recebo um pressentimento de algo maior que está em mim e em minha realidade.

7
Se Deus existe, onde está?

Deus está em toda parte. E ele está onde nós o deixamos entrar em nosso coração. Não devemos imaginá-lo como um espírito que se move invisível de cá para lá e que aparece em toda parte. Deus é bem mais o fundamento que tudo penetra, o espírito que espiritualiza tudo, a energia que flui em tudo, o amor que atua em tudo. Ele sustenta o mundo e penetra o mundo. Ele está fora de mim e ao mesmo tempo em meu coração. Ele está no mundo e ao mesmo tempo sobre o mundo. Às vezes preciso retirar-me do mundo para perceber Deus no silêncio. Mas se eu for suficientemente atento, posso percebê-lo em toda parte. O Evangelho de Tomé (considerado apócrifo), um texto gnóstico do século II, transmite-nos uma palavra de Jesus que soa assim: "Eu sou a luz que está acima de tudo. Eu sou o todo. De mim partiu o todo, e a mim ele chegou. Parti um pedaço de lenha – ali estarei eu. Erguei uma pedra e lá me encontrarão".

Não podemos considerar a imagem de Deus como uma entre muitas outras. Só podemos reconhecê-lo como aquele que está em tudo e acima de tudo, o totalmente outro, que às vezes olha para nós através de um quadro, que nos fala através de uma palavra, que nos ilumina através de um encontro e que se mostra a nós na criação.

Só podemos pensar a presença de Deus usando opostos: Deus está em mim e fora de mim. Ele é o criador que sustenta o mundo. E

Ele é a força que tudo penetra. Deus é aquele que me acompanha. E é também o Deus distante e incompreensível. Ele é o inconcebível diante do qual me prostro e a quem adoro. E é aquele que me envolve em seu amor, em cuja presença salutar estou seguro. Ele é aquele que me desafia e me põe a caminho, aquele que me sustenta e me dá um lar. Ele é o totalmente outro, mas também totalmente em mim. Lá onde sou totalmente eu mesmo(a), também estou em contato com Deus que me conduz para o meu verdadeiro si-mesmo.

Posso experimentar esse Deus sobretudo no mundo e com todos os meus sentidos. Posso contemplar na beleza do mundo a beleza em si. A beleza em si é Deus. Posso ouvir numa palavra humana sua palavra e pressentir na música o inaudível. Posso sentir no vinho o agradável gosto de Deus, posso sentir no perfume do incenso algo de seu mistério e sentir no tato de uma flor a ternura de Deus. Mas eu não posso tocar nele diretamente. Os sentidos ultrapassam a si mesmos e apontam para o inexprimível, o invisível, o inaudível. Quando olho para o céu estrelado, sinto em mim algo da grandeza e beleza de Deus.

Também a história é um lugar onde posso perceber Deus. Posso afirmar de alguns fatos da história mundial o que nos diz a fé: aqui Deus se mostrou. Temos o nascimento de seu Filho, a atuação dele na Palestina, sua morte e ressurreição. Posso interpretar experiências históricas de libertação como experiência de Deus como, por exemplo – só para citar um fato do passado recente – a queda do muro de Berlim sem derramamento de sangue. E na minha vida pessoal poderia elencar uma série de exemplos em que posso dizer: ali senti a proximidade de Deus, sua proteção, sua solicitude e amor. Ali me tocou algo numinoso que só posso identificar com Deus. A experiência de Deus nem sempre pressupõe a experiência de um mundo salutar. E também não experimentamos Deus sempre só nas coisas boas. Muitas vezes pode ser que é lá onde nos aconteceu algo grave, onde um sofrimento nos atingiu ou onde alguém nos fez grande mal que sentimos alguma coisa que nos dá suporte, que nos arranca do mal e que, em meio ao sofrimento, nos faz pressentir aquela paz que é mais profunda do que o bem-estar externo.

Mas é igualmente importante para mim experimentar Deus em meu íntimo. Santo Agostinho, o grande Padre da Igreja, diz que Deus está mais dentro de nós do que nós mesmos. Quando entramos, pois, dentro de nós, podemos pressenti-lo. Mas o Deus que está em nós subtrai-se de nossa apreensão dele. Ele está indisponível, e no entanto está em nós. No espaço do silêncio, onde não penetra nenhum pensamento humano, ali ele mora em nós. E às vezes podemos senti-lo. Somos então totalmente um conosco. Nesse momento nós nos esquecemos completamente de nós. Não refletimos sobre nossa experiência, mas estamos simplesmente ali. E enquanto estamos ali, ficamos nele, e ele em nós.

8
Se Deus se revelou, por que está escondido?

Por que Deus está escondido, isto eu não sei responder. Não posso sobrepor-me a Deus e penetrar em suas ideias. Só consigo constatar que Deus está muitas vezes escondido. Posso tentar, nas linhas a seguir, entender seu ocultamento e ousar uma resposta. Talvez uma tentativa de resposta possa ir nesta direção. Deus se esconde para que não cheguemos à ideia de cobrar sua presença para nós, de possuí-lo e conhecê-lo muito bem. Deus se esconde para nos mostrar que ele é o totalmente outro e o Deus indisponível, pelo qual temos de procurar sempre. São Bento exige dos monges que procurem Deus por toda a vida. Nem mesmo o monge encontrou Deus de uma vez por todas. Precisa colocar-se sempre de novo à procura do Deus escondido. Às vezes Ele se mostra, para estimular-nos em nossa procura. E depois se esconde de novo, para que nos voltemos ainda mais para Ele e o procuremos de todo o coração.

Existe um história hassídica maravilhosa a respeito disso. Elie Wiesel que, em Auschwitz, sofreu no próprio corpo a ocultação de Deus, conta esta hisória em um de seus livros. Chegou um garoto ao rabino Baruch, seu avô, e reclamou de seu amigo: “Brincávamos de esconde-esconde. Eu tinha de me esconder, e ele devia me procurar.

Mas eu me escondi tão bem que ele não conseguiu me encontrar. Aí desistiu e simplesmente deixou de me procurar. Isto não é brincar". O rabino Baruch respondeu: "Assim acontece também com Deus. Imagine sua dor. Ele se escondeu, e as pessoas não o procuraram. Compreende? Deus se esconde e a pessoa não o procura nem uma vez".

Jesus mesmo fala que o Reino de Deus atua no oculto. É como um grão de mostarda que se transforma em árvore (Mt 13,31s). E Jesus nos convida a orar a Deus no oculto: "Mas quando rezares, entra em teu quarto, fecha a porta e reza ao teu Pai que está no oculto. E o Pai, que vê no oculto, te dará a recompensa" (Mt 6,6). Deus está no oculto. Por isso também nossa oração deve ter lugar no oculto. Jesus sabe do perigo que corremos de nos querermos colocar acima dos outros com nossa oração e de nos querermos mostrar como bons diante dos outros. Se procurarmos Deus no oculto, esse lugar secreto protege nossa procura de Deus. Nós vamos para dentro, para aquilo que está escondido de nós mesmos. Lá podemos encontrar Deus que se subtrai também da apreensão pelas pessoas.

Martin Buber também conta uma história sobre o ocultamento de Deus. É a história de um piedoso judeu que vai a um rabino e lhe pergunta o que se pode fazer quando Deus oculta sua face. A resposta do rabino: "Se a gente sabe que é um ocultamento, então já não é ocultamento".

São Bernardo de Claraval fala assim: "Quem vos procura já vos encontrou". Já no desejo do Deus ausente, Deus está próximo. Lembrei-me de uma citação latina, atribuída a Santo Agostinho: "Ut inventus quaeratur, immensus est" (Se mesmo encontrado, ainda é procurado, então é infindo).

9

Se só existe um Deus, por que as religiões o veem de maneira tão diferente?

Deus não se deixa determinar por nenhum conceito e por nenhuma imagem. Nossas imagens abrem uma janela pela qual podemos olhar na direção de Deus. Mas em nossas imagens misturam-se sempre também nossas próprias projeções. As projeções dependem de nossa experiência de vida que, por sua vez, depende da cultura em que vivemos.

Mesmo que as religiões dirijam nosso olhar para certa direção e nós possamos falar de um tipo que é comum a todas as religiões, é compreensível que as múltiplas religiões tenham desenvolvido imagens diferentes de Deus. Povos onde foi importante a agricultura, pensaram o divino em imagens femininas: como deusa da fertilidade. Expressam assim um aspecto muito importante de Deus. Isto não corresponde só à sua experiência, mas também ao nosso desejo. Um povo guerreiro considerou muitas vezes Deus como herói de guerra, que é exigente e a quem se deve acompanhar. Também esse é um aspecto que, apesar de toda sua relatividade cultural, é válido para nossa imagem de Deus. Todas as religiões só veem uma pontinha da realidade de Deus. E esta tem sempre uma aparência diferente, dependendo da religião e de seu mundo cultural. As religiões desenvolveram imagens de Deus que formam a experiência de vida dos diversos povos e a partir daí abrem uma janela para Deus. Deus, o totalmente outro, é sempre o mesmo; só as janelas que as religiões nos disponibilizam são outras.

Como cristãos nós afirmamos que conhecemos o verdadeiro Deus. Mas como cristãos temos de confessar também que Deus é ainda diferente das imagens que dele fazemos. Confessamos que Jesus explicou autenticamente Deus através de sua vida, suas obras e suas palavras, que neste homem de Nazaré o próprio Deus se tornou manifesto. Trata-se pois de orientar nossas imagens de Jesus para termos uma ideia melhor de Deus. Mas isto não significa que já entendemos real e cabalmente aquilo que Jesus nos quis dizer na verdade de Deus. Por isso é nossa tarefa constante meditar as palavras e atos de Jesus também em diálogo com outras religiões de tal forma que se abra para nós o Deus e Pai de Jesus Cristo e nele o único Deus, que tudo criou e que oferece a todos os seres humanos a sua salvação.

10
Por que existem imagens tão contraditórias de Deus?

Nossas imagens de Deus correspondem muitas vezes às nossas experiências de vida. Uma criança tem naturalmente outras imagens de Deus do que uma pessoa adulta. As crianças projetam sobre Deus seu desejo de amparo e proteção. Com isso, atingem um aspecto muito importante de Deus. Os jovens consideram Deus como aquele que nos desafia. Como adulto, considero Deus como aquele que conduz para a verdade e diante do qual não posso fugir. Mas também experimento Deus como aquele que liberta do poder das pessoas, que dá firmeza e segurança à minha vida, que me conduz para a amplitude. Todas essas imagens que fizemos de Deus no decorrer de nossa vida expressam algo da natureza de Deus, mas não bastam para descrever Deus suficientemente.

No acompanhamento espiritual, deixo muitas vezes as pessoas contarem como sua imagem de Deus foi mudando com o passar dos anos de sua vida, mas nem sempre tomam clara consciência da imagem de Deus. Como crianças, ligamos a Deus muitas vezes o lar e a segurança. Mas algumas se lembram de que Deus também representava para elas algo ameaçador. Vincularam com Deus sobretudo o primitivo. Isto depende muitas vezes da educação que receberam. Quando havia uma tendência controladora e punitiva, isto era projetado também sobre Deus. O trabalho na imagem de Deus é, nesse caso, também, sempre um trabalho na autoimagem. Podemos, portanto, explicar as múltiplas imagens de Deus a partir de nossas próprias experiências bem diversificadas de vida. As experiências que cada qual faz consigo mesmo(a), com seus pais, ou no âmbito de determinada sociedade – por exemplo, de cunho patriarcal (hoje diríamos, machista) –, as experiências que tivemos com nosso pai refletem a imagem que ligamos a Deus Pai. É importante perguntar-nos a causa das imagens que temos de Deus e, se for o caso, abandoná-las. É claro que não conseguimos viver sem imagem alguma. Contudo devemos substituir as imagens negativas de Deus por imagens positivas. Mas, mesmo tendo essas imagens positivas, temos de ter sempre clareza de que são apenas imagens, e que Deus está cima e além de toda imagem.

Além disso, esse conhecimento de que a realidade de Deus é superior a qualquer imagem não é algo que só o cristianismo conhece. Há uma célebre história islâmica que conta como os habitantes cegos de uma cidade examinaram um elefante. Eles o apalparam, para através do tato chegarem a uma conclusão. Quando chegou a hora de falarem sobre a natureza do elefante, disse um homem que havia apalpado a orelha do animal: "É uma coisa grande e áspera, comprida e larga como um cobertor." E o que tinha apalpado a tromba disse: "Não, na verdade é algo como um cano oco e reto, que mete medo e é perigoso". E o que havia apalpado as pernas disse: "É poderoso e firme, parece uma coluna".

Essa história diz para não nos apegarmos a verdades parciais e torná-las absolutas. Significa que não devemos ficar inertes em nossa busca do conhecimento. Também e exatamente em vista da diversidade de experiências e intuições religiosas e espirituais, é importante a abertura para a riqueza e a plenitude desse conhecimento.

É bom que haja também na própria tradição imagens opostas de Deus. Assim não o determinamos tão facilmente. Através das oposições olhamos para o Deus totalmente outro:

Deus é pessoal e sobrepessoal.

Ele é o Senhor perante o qual me prostro.

E Ele é o amigo que está a meu lado.

Ele é o criador do mundo e aquele que está em meu coração.

Só posso pensar em Deus em forma de opostos. Os opostos me mostram que não posso fixar Deus em nenhuma imagem, mas que, através das muitas imagens, devo procurar pelo Deus totalmente incompreensível.

11
Como se pode afirmar que Deus é uma pessoa?

Na história da teologia, o conceito de pessoa só foi desenvolvido depois que se refletiu sobre a natureza de Deus, que se revelou como Pai, Filho e Espírito Santo. Temos de cuidar para não forçar Deus para dentro de nossa, muitas vezes, pequena concepção de pessoa humana. Deus é muito mais, e inclusive o conceito de pessoa é uma tentativa de aproximação de sua realidade. Também Ele é apenas uma estimativa. Também aqui Deus é as duas coisas: é pessoa e é superpessoa; é pessoal e suprapessoal. Às vezes sentimos mais o aspecto suprapessoal: Deus se apresenta a nós como amor, energia, luz, fundamento do ser. Mas também então temos de sentir que Deus se dirige a nós, que é um tu, que vem ao nosso encontro, que nos ama e nos ilumina com sua luz.

Pessoa vem provavelmente de *personare* = soar através de. Os atores usavam na Grécia uma máscara. Através dela alguém falava com voz inconfundível. Pessoa significa a autoposição de um ser espiritual e ao mesmo tempo sua referência a um outro ser, a um tu. O ser humano é por sua natureza um chamado por Deus. Isto constitui sua pessoalidade. É daí que o "ser pessoa do ser humano quer pensar o Deus como pessoal". Isto fala o filósofo Jörg Splett.

Deus é amor, diz a Primeira Epístola de São João. Amor significa sempre já estar relacionado. Assim, Deus é, enquanto pessoa, imutável em si e ao mesmo tempo, segundo sua natureza de amor, sempre em relacionamento. Isto a teologia da Igreja primitiva tentou explicar na imagem do Deus trino, do Deus em três pessoas. Romano Guardini acha que a verdadeira resposta à pergunta do que é pessoalidade está na ideia da trindade: Deus como pessoa chama o ser humano. E pelo fato de ser chamado, o ser humano se torna pessoa que está em si e ao mesmo tempo por causa de sua natureza está sempre já em relação a um tu, ao tu de outra pessoa e ao tu Deus.

Na mística há duas correntes diversas: a mística do amor e a mística do fundamento do ser. Ambos os caminhos levam também a diferentes imagens de Deus. A mística do amor – sobretudo na mística das mulheres da Idade Média – refere-se a Deus principalmente como pessoa. Muitas vezes é também mística de Cristo. Cristo é para a alma como o noivo que lhe dá tudo o que um homem apaixonado dá à sua noiva. Ele satisfaz o profundo desejo da pessoa de ter amor. É uma mística bem pessoal, uma mística de relacionamento com Deus como pessoa com o qual posso ser um. Mas Deus afasta-se sempre de novo, assim como o noivo não está sempre perto da noiva. Proximidade e distância aprofundam cada vez mais o amor. É um amor cheio de tensão que cresce sempre mais.

A mística do fundamento do ser vê Deus como o fundamento de todo ser. Este fundamento também é amor. Mas não é só o amor de uma pessoa, e sim uma força que tudo abrange, como uma torrente que tudo atravessa. Tornar-se um com este fundamento de todo ser é tornar-se ao mesmo tempo um consigo mesmo(a). Experimento Deus nem sempre como o oposto, mas também como aquele dentro de mim, que é a razão mais profunda de minha alma. Quando sou um comigo no meu mais íntimo, quando esqueço a mim mesmo(a) e apenas estou aí, então estou em última análise em união com Deus.

Também esse ser um não é nenhum fusionar-se com Deus. É uma experiência profunda que me é concedida, mas que também sempre me é tirada. Não posso carregá-la comigo de cá para lá como se fosse uma propriedade. E também quando Deus não aparece como o oposto, é possível sentir neste amor sempre a face de Deus. Sinto no amor que sou contactado. Nisso coincidem as duas imagens de Deus: a imagem pessoal de Deus da mística do amor e a imagem de Deus suprapessoal da mística da união. São apenas dois lados do único Deus que é o fundamento de todo ser e ao mesmo tempo o tu que me fala e me ama.

No acompanhamento espiritual fica sempre mais claro para mim como a imagem de Deus está intimamente vinculada à autoimagem. As pessoas que têm uma imagem impessoal de Deus frequentemente têm também problemas com seu próprio ser pessoa e com relacionamentos pessoais. Por isso é tão importante para mim falar de Deus como pessoa. Além disso acrescento: precisamos fazê-lo com toda cautela e sempre perguntando o que a teologia entende quando fala de Deus como pessoa. Precisamos da sadia tensão entre Deus como pessoa e suprapessoa e da tensão em nós entre sentir e a relação com o nosso íntimo, com nossa pessoa, e ao mesmo tempo com o fundamento mais profundo em que estamos baseados: Deus como amor e como puro ser do qual derivamos nosso ser. Enquanto eu estou simplesmente aí, estou também em Deus e pressinto o que significa: Deus é o fundamento de todo ser.

12
Como é que Deus todo-poderoso e bom permite o sofrimento de pessoas inocentes?

Em primeiro lugar deveríamos distinguir entre um sofrimento "feito" pelos homens, que implica violência e injustiça e um sofrimento, como doença e catástrofe da natureza, cujo "por quê?" as pessoas sempre dirigiram a Deus. Eu também não sei responder a este porquê. Não cabe a mim sobrepor-me a Deus. Só posso constatar que muitas vezes pessoas inocentes têm de sofrer. Essa constatação questiona minha imagem de Deus. Não consigo harmonizá-la com a imagem de um Deus amoroso e misericordioso. Mas a constatação que faço não deve levar-me a ver e descrever Deus como cruel e desalmado. Deus está acima de qualquer descrição. A experiência do sofrimento é um aguilhão na minha busca de Deus: quem é este Deus que criou o mundo em que há tanto sofrimento? Os filósofos tentaram, na assim chamada questão da teodiceia, justificar Deus diante do sofrimento do mundo. Desenvolveram todo tipo de teorias: o ser humano amadureceria pelo sofrimento. O sofrimento seria o preço da liberdade humana. Mas todas essas teorias não me satisfazem.

Para muitos, o sofrimento de crianças inocentes é o argumento decisivo contra Deus. Contudo, desde a filosofia grega, filósofos e teólogos tentaram usar o sofrimento como argumento não contra, mas a favor de Deus. Santo Agostinho acha que é bom não existir só o bem, mas também o mal. Isto haveria de incentivar as pessoas em sua liberdade e em seu amor. E Deus haveria de transformar o mal em bem. Essa visão otimista, o filósofo Leibniz a carreou para dentro da questão da teodiceia. Mas, logo logo, este otimismo foi derrubado pelo terremoto de Lisboa que matou inúmeras pessoas. Georg Büchner viu no sofrimento a maior prova contra a existência de Deus. Desde então, os teólogos procuraram sempre responder a essa pergunta. Enquanto muitos teólogos hoje procuram esquivar-se dessa pergunta, Johannes Baptist Metz resolveu defrontar-se com a questão. Caso contrário, iríamos deixar as pessoas sozinhas em seu sofrimento. Todas as respostas teológicas que foram dadas até agora não satisfazem.

Talvez tenhamos de dirigir nossa reflexão numa linha indicada por Karl Rahner: "A incompreensibilidade do sofrimento é um pedaço da incompreensibilidade de Deus... Não há nenhuma outra bem-aventurada luz que ilumine o abismo escuro do sofrimento do que o próprio Deus. E esta nós só a encontramos quando dizemos um sim amoroso à incompreensibilidade do próprio Deus, sem a qual Ele não seria Deus".

13
Como podemos afirmar diante da realidade que Deus é amor?

Não podemos entender a frase que Deus é amor de um modo muito ingênuo demais, como se Deus dispusesse tudo com amor. Quando um filho morre num acidente de trânsito, essa concepção ingênua se desfaz por si. Mas ficamos diante da pergunta se vemos o mundo todo carregado de energia negativa e má. Ou se só confiamos que o fundamento último de todo ser é amor. Pelo lado que nos decidirmos, sentiremos diferentemente a nós e o mundo.

A afirmação central da Bíblia é que Deus é amor. Se nós sentirmos amor em nós, teremos entendido algo de Deus, então temos parte em Deus. E esse amor nos permite suportar no mundo, onde há tanta coisa, o que não compreendemos e que só dificilmente conseguimos aceitar.

Mas, ao mesmo tempo, a realidade muitas vezes brutal do mundo nos força a não entender ingenuamente Deus como Pai "amoroso". O sofrimento e a crueldade do mundo desmascaram essa imagem como pura projeção de nosso desejo de um mundo salutar. Apesar disso devemos perseverar na convicção de que Deus é justo e que é amor. Mas como harmonizar os lados terríveis da realidade e a realidade de Deus, que é amor e misericórdia, isto continua um mistério. Devemos permitir que se quebrem em nós, pela experiência do sofrimento, as imagens às vezes demasiadamente ingênuas e otimistas de Deus, para que procuremos a Deus no escuro, mas que, apesar de toda escuridão, é luz e traz luz ao nosso coração cheio de escuridão.

Quando vejo o mundo com toda sua atrocidade, fica difícil para mim dizer que Deus quer sempre o melhor para nós. Preciso primeiro suportar a minha estupefação antes de perguntar pelo Deus incompreensível na incompreensibilidade dos acontecimentos, pelo Deus que, apesar de tudo, me ampara em todo o espantoso e me dá esperanças em meio à minha desesperança. Deus não é então uma resposta lisonjeira para a experiência do sofrimento. Mas eu pressinto em meio ao sofrimento o Deus que, em Jesus Cristo, assumiu para si mesmo o sofrimento e, assim, tornou-se um Deus sofredor.

14
A oração pode ajudar em alguma coisa?

Na oração nós nos dirigimos a Deus. Nós lhe dizemos o que nos move e incomoda. Naturalmente não vamos sentir Deus como um interlocutor ao vivo, como outra pessoa que nos dá uma resposta direta e audível. Mas só a ideia de estarmos diante de Deus e a ele abrirmos nosso coração já faz bem. A oração pode ser uma fala. Falamos a Deus na oração. Dizemos a um outro o que nos move. Nós estamos sempre referidos a um tu, mesmo que este tu nos seja muitas vezes subtraído. Mas oração não significa apenas falar. Pode significar também calar simplesmente diante de Deus. Sento-me calado diante de Deus e lhe apresento as ideias que surgem em minha mente. Isto não se deve entender como uma espécie de autoanálise. É um encontro consigo mesmo(a) na presença de Deus. Eu escuto, na oração, para dentro do silêncio, para ouvir o que Deus me responde. A questão é: como Deus responde? Certo é: ele não responde como uma pessoa, com palavras claras. Acontece, porém, com relativa frequência que, após termos derramado diante dele nosso coração, surge em nós uma ideia ou um sentimento. A pergunta que se faz é esta: donde vem esta ideia? Naturalmente ela partiu de nossa mente. A psicologia diria que provém do inconsciente. Mas por que surge exatamente essa ideia, também a psicologia não sabe explicar. Assim podemos perfeitamente crer que a idéia vem de Deus. Mas só procedem de Deus as ideias que alargam nosso coração, que o enchem de amor e de paz. Ideias que nos amesquinham, nos metem medo ou nos estressam provêm antes de nosso superego e não de Deus.

O que pode a oração resolver? Em primeiro lugar ela muda a nós mesmos; ela nos faz bem. Ela nos traz para dentro de nossa verdade; ela nos dá a confiança de que não estamos sós em nossas preocupações. Quando pedimos uma coisa na oração, isto não se realiza automaticamente. Podemos pedir a Deus por tudo, por nós ou pelas outras pessoas. E às vezes podemos até perceber que a oração produziu um efeito, quando as coisas vão melhor para nós ou para a outra pessoa, ou quando uma doença é curada. Mas isto não é óbvio. Em toda oração acrescentamos: "Seja feita a vossa vontade". Não podemos obrigar Deus a nada na oração. Só podemos pedir. No pedir já se transforma uma situação. E às vezes podemos experimentar a maravilha de que algo realmente muda. A oração ao menos transforma a nós. Se eu rezo por outra pessoa, ganho mais confiança nela e posso ir ao encontro dela de coração aberto. Muitas vezes me ocorre na oração o que poderia dizer à outra pessoa. A oração melhora a mim e meus relacionamentos. E posso confiar que Deus faz surgir na outra pessoa novas ideias, que a enchem de paz e esperança.

O que acontece na oração nós só o podemos expressar em imagens. Uma bela imagem foi empregada pelo filósofo judeu Abraham J. Heschel, em seu artigo "A oração como exteriorização e como intuição". Diz ele: "Rezar significa tomar uma palavra, na extremidade de um cordão que leva por assim dizer até Deus. Quanto maior a força, mais sobe a palavra. Mas rezar significa também que o eco da palavra cai como um prumo na profundeza da pessoa. Quanto mais pura a disposição, mais fundo desce a palavra". Portanto, a oração me leva cada vez mais perto de Deus. Mas também me leva ao contato com meu próprio ser, que muitas vezes fica escondido no fundo de minha alma.

15
Preciso acreditar em Deus para experimentar sua ajuda?

Normalmente são as pessoas de fé que experimentam a ajuda de Deus. Mas há pessoas também que só começaram a crer quando – sem fé – experimentaram de repente uma ajuda que não souberam explicar. Ficam então perplexas diante de um fato extraordinário. E esse fato as leva a acreditar na ajuda de Deus. Foi assim que Deus já se dirigiu a muitas pessoas e as induziu à conversão através de sua ajuda inesperada. Naturalmente há pessoas que experimentaram essa ajuda, mas não a ligaram a Deus. Atribuem a ajuda ao acaso ou às suas próprias reflexões e estratégias. Isto é bem possível. Mas assim a vida não fica mais digna de ser vivida, e sim mais pobre e mais fria.

Deus porém não ajuda só os que nele creem. Ninguém é excluído de sua solicitude. Jesus diz que Deus faz brilhar seu sol sobre bons e maus e faz chover sobre justos e injustos (cf. Mt 5,45). Se eu atribuir apenas ao acaso a cura de minha doença e de ter escapado com vida de um acidente, a minha vida perde em profundidade. Já não sei realmente a quem devo agradecer por ter sido salvo. Então tudo é apenas como é, mas podia ter sido bem diferente. Se tudo é mero acaso, minha vida não tem sentido e tudo se torna absurdo, despropositado e paradoxal.

16
Por que teria Deus interesse em escutar minhas queixas e meus pedidos?

Para começar, uma coisa é certa: o queixar-se e o pedir nos fazem bem. Sabemos que na oração não somos rejeitados por Deus. A pessoa só tem capacidade limitada de absorção. Às vezes temos a impressão de que nossas queixas são demasiadas para Deus. Mas podemos ter certeza de que ele nunca perde a paciência. Naturalmente, tudo o que dissemos de Deus nós o expressamos de maneira humana. Ele é sempre porém o totalmente outro. Mas podemos confiar: ele gosta de nos ouvir, porque nos ama. Podemos estar diante dele assim como somos, também com nossos pedidos, queixas e lamentos. Os Salmos nos convidam a apresentar a Deus as nossas queixas. Ao nos queixarmos, já se transforma o nosso coração. Ele perde a amargura e capta nova esperança. Deus, como o criador infinito, tem o máximo interesse no ser humano, em mim concretamente. A mística Mectilde de Hackedorn acha que Deus tem saudade do ser humano. Deseja que cheguemos a Ele e lhe digamos o que pesa sobre nosso coração. É óbvio que Ele sabe tudo o que vamos dizer. Mas a nós faz bem que o apresentemos a Ele no silêncio, ou o expressemos por palavras ou por gestos. Diante dele pode então haver uma mudança.

Uma comparação neotestamentária fala que Deus tem interesse em atender aos nossos pedidos. É como um amigo que gosta de estar sempre disponível quando precisamos de ajuda (Lc 11,5-8). E é como um pai que dá boas coisas a seus filhos (Lc 11,9-13). Jesus nos incentiva a pedir e bater: "Pois quem pede recebe, quem procura acha, e a quem bate se abre" (Lc 11,10).

17
Jesus é Deus ou pessoa humana como nós?

Jesus – assim ensina a dogmática cristã – é totalmente homem e totalmente Deus. A questão é: como entender isto? Primeiramente o vemos como homem. Ele nasce numa família concreta. Cresce e aprende um ofício manual, sai de casa, reúne discípulos e se torna um pregador ambulante. Ele fala ao povo, cura suas doenças, entra na ciranda política e é pregado na cruz. Jesus é um rabino judeu que tem muitas convicções e pontos de vista iguais a de outros mestres judeus.

Mas ao mesmo tempo sai desse Jesus algo que nos fascina. E o próprio Jesus fala de si em imagens que fazem reluzir seu mistério. Fala de si como Filho do Homem, ou simplesmente como Filho. No Evangelho de João, quer significar com isso o Filho do Pai celeste. Após sua morte, Jesus aparece a seus discípulos de modo que se tornou claro para eles: este Jesus não permaneceu na morte. Foi ressuscitado por Deus. Após essa experiência de sua ressurreição, os discípulos refletiram sempre mais sobre ele. E reconheceram que ele não era apenas um filho amado de Deus, como os judeus se expressavam a respeito de todo bom rei, profeta, ou pessoa piedosa, mas que era um Filho de Deus de maneira única, que nele estava o próprio Deus.

A dogmática da Igreja primitiva traduziu para a linguagem da filosofia grega aquilo que os discípulos tentaram expressar com seu vocabulário – um vocabulário que provinha da compreensão judaica. Os concílios de Nicéia e Calcedônia reduziram à seguinte fórmula o mistério de Jesus: Jesus era "verdadeiro homem e verdadeiro Deus, sem mistura e sem divisão".

O divino não se misturou com o humano. Jesus foi de fato totalmente homem. E é importante que o vejamos hoje como uma pessoa de grande religiosidade, que teve profundas experiências de Deus e delas falou. Mas não podemos permanecer nisso. Fica o desafio, por assim dizer: era o Filho de Deus. Deus estava nele. Ele era a absoluta autocomunicação de Deus. Ela era o Verbo que se fez carne.

Em tudo isso continua sempre o mistério. E continua sempre o pressentimento de que jamais o entenderemos. Para mim é uma boa teologia que sabe da existência desse mistério e não afirma simplesmente: "Jesus não foi como..."; todas essas frases que sabem com certeza o que ele é não são verdadeiras. Teologia é a tentativa de manter em aberto o mistério. Quando dizemos que Jesus é verdadeiro homem e verdadeiro Deus, isto é manter em aberto o mistério, para que deixemos de fixar Jesus sobre outros padrões e cobri-lo com nossas projeções.

18
Em que a mensagem de Jesus contribui para o diálogo com as outras religiões?

A mensagem de Jesus do amor e da compaixão, da misericórdia e dedicação ao próximo é semelhante à mensagem dos outros grandes fundadores de religiões. Os Padres da Igreja veem no amor ao inimigo o decisivo da mensagem de Jesus, que a distingue das outras religiões e filosofias. Mas também em outras religiões encontramos indicativos bem precisos sobre o amor ao inimigo. Mas é claro que Jesus colocou de maneira nova um valor bem grande no amor a todas as pessoas.

Não é aquilo que Jesus fala de Deus e do ser humano que o distingue em primeiro lugar dos fundadores de outras religiões, mas aquilo que nele resplandeceu. Nas outras religiões, o caminho vai do ser humano para Deus. O ser humano deve fazer a vontade de Deus, ou abrir-se na oração e na meditação para Deus, então chegará mais perto de Deus.

O novo e diferente do cristianismo: em Jesus o próprio Deus veio até nós. Ele desceu do céu e nos deu a vida divina. E Deus tornou-se homem em Jesus; viveu e sofreu conosco. Este Jesus foi crucificado por seus adversários e ressuscitou ao terceiro dia. O fato de o fundador da religião ser crucificado é algo único. E nisto está sua mensagem salvífica e libertadora. Não há nada que não possa ser transformado. Não há escuridão onde não penetre luz, nenhum túmulo onde não haja vida, nenhuma morte que não leve à ressurreição. Na morte de Jesus na cruz, mostra-se o amor que ousou entrar em nosso mundo e morreu devido à crueldade do mundo, mas precisamente assim encheu de amor este mundo em seu aspecto mais escuro. É uma mensagem fascinante que encontro na morte e ressurreição de Jesus e que não vejo em outras religiões.

No diálogo com as outras religiões é importante hoje descobrir o próprio de cada uma para que a identidade cristã, islâmica ou budista seja descoberta com mais clareza. Mas é importante também ver o que é comum a todas. Jesus não é apenas o salvador e Filho de Deus. É também o mestre da sabedoria. Assim no-lo descreve Mateus: como aquele que reúne em si a sabedoria do Oriente e do Ocidente. Lucas o descreve no diálogo com a filosofia grega como aquele que conduz para a vida, que encaminha para a vida de realização. Paulo descreve Jesus no diálogo com a filosofia estoica e com os cultos dos mistérios que, naquele tempo, caracterizavam a vida religiosa do ambiente do mar Mediterrâneo. Jesus mesmo envia seus discípulos a todos os povos para que anunciem ao mundo inteiro a feliz mensagem de Deus como o Pai misericordioso. E os primeiros cristãos vivenciaram como libertador o fato de que a salvação que Jesus lhes anuncia e lhes trouxe vale para todos.

A mensagem cristã sempre esteve aberta para a sabedoria que ela encontrou nas outras culturas e religiões. Os discípulos de Jesus sempre formularam a nova mensagem que pregavam, ouvindo a sabedoria que encontravam entre as pessoas das diversas culturas e religiões.

No diálogo com as religiões trata-se de experimentar a identidade própria, mas, ao mesmo tempo, da tarefa de que as religiões desenvolvam juntas um *ethos* que mantenha elevados os valores que são prezados em todas as religiões. Dessa maneira, as religiões colaboram praticamente para que a união de todas as pessoas entre si cresça, para que a atenção e compreensão conduzam as pessoas a uma unidade e tornem possível uma paz duradoura.

19
Preciso da Igreja para encontrar Deus?

Primeiramente, toda pessoa deve pôr-se sozinha à procura de Deus. E também pode encontrá-lo sozinha: no silêncio, na meditação, na solidão. Mas sabemos do perigo que existe de errar e de estabelecer como de validade absoluta nossa opinião. Existem muitos gurus autointitulados que contam suas experiências extraordinárias e reúnem pessoas em torno de si. Apesar de a busca espiritual ser uma tarefa individual, nós não estamos sozinhos, precisamos também do correto proceder dos outros. Precisamos de uma comunidade que nos dê guarida nessa busca. E é aqui que precisamos da Igreja como a comunidade na qual buscamos Deus. Eu posso louvar Deus sozinho, mas o louvor em comum tem uma força própria e especial. Jesus reuniu em torno de si muitos discípulos. Celebrou com eles uma ceia comunitária. Na última ceia, na qual ele mesmo se entregou no pão e no vinho, recomendou-lhes: "Fazei isto em memória de mim". Não se pode celebrar uma ceia sozinho; para isso há que haver comunidade. E assim a comunidade da Igreja é o lugar em que fazemos importantes experiências. Na Eucaristia sentimos Jesus, o crucificado e ressuscitado, em nosso meio. Celebramos sua entrega na cruz, que se torna visível no vinho e no pão. Temos parte em seu amor que vence a morte, e na ceia nos tornamos um com ele e entre nós.

Não devemos colocar a Igreja como algo absoluto. Sentimos que ela também é muito humana, com erros e fraquezas, como toda comunidade humana. Mas podemos confiar que nela encontramos Cristo e que ela nos ajuda a continuar procurando sempre por Deus. Muitas vezes experimentamos também que ela nos ampara e nos corrige quando erramos. Encontrar Deus é algo muito pessoal. Eu mesmo(a) devo encontrá-lo, mas a Igreja pode ajudar-me nesta procura. E pode ser o lugar onde encontro Deus. Naturalmente existe também a experiência de que a Igreja, com suas fraquezas humanas, possa obstruir Deus para mim. Mas confio em que a ela sempre se deixe renovar por Deus e se torne assim também o lugar de minha procura de Deus, o lugar onde posso experimentar Deus constantemente na liturgia, nos sacramentos e no caminho espiritual em que aproveitarei das experiências religiosas daqueles muitos que me antecederam nesse caminho.

20
O que é e para onde leva o caminho espiritual?

Faz séculos que as pessoas entenderam sua vida como um caminho. Não é só um caminho para sempre maior amadurecimento; entenderam sua vida também como um caminho para um objetivo, para Deus. É o caminho espiritual. Entendemos por isso o caminho pelo qual vamos para dentro, para termos o coração sempre mais preenchido pelo espírito de Deus e sofrermos uma transformação. O caminho espiritual é um caminho de nossa permeabilidade para este espírito, para o espírito de Jesus Cristo. Ele passa pelo caminho do cuidado, do silêncio, da contemplação, da oração e da ascese. São meios concretos que nos levam adiante. Na tradição cristã, há muitos caminhos que visam ao mesmo objetivo: abertura para Deus e a transformação pelo seu Espírito. Alguns seguem um caminho fortemente marcado pelas celebrações litúrgicas, outros procuram o caminho do silêncio e da solidão, outros ainda vão pelo caminho do amor ao próximo, outros mais pelo caminho da ascese e da clara autodisciplina. Decisivo em todos esses caminhos é que eu não gire em torno de mim e de meu progresso pessoal, mas que me aproxime de Deus como a realidade sempre maior e me torne aberto para seu amor incompreensível. E importante é que esse caminho se torne fecundo para o mundo, que ele me leve ao encontro das pessoas.

Cada pessoa trilha de alguma forma um caminho espiritual seu, pois cada qual faz em seu caminho também experiências espirituais. Existe o perigo de eu, em meu caminho espiritual, colocar-me acima dos outros e lhes transmitir o seguinte: "Vocês não têm noção alguma. Vocês só vivem na superfície, mas eu realmente me coloquei no caminho interior. Eu fiz experiências espirituais espantosas". Se alguém entender seu caminho espiritual assim, isto já nada mais tem a ver com o caminho ao qual Jesus nos envia. Jesus nos fala na parábola do escravo inútil: "Quando tiverdes feito tudo que vos foi mandado, dizei: 'Somos escravos inúteis; fizemos apenas o que tínhamos de fazer'" (Lc 17,10).

O caminho da espiritualidade deve levar ao dia a dia. Consiste em fazer simplesmente o que está à frente agora, o que o momento me pede, o que devo a mim e à minha natureza, o que devo aos outros, o que devo a Deus. A tradição chinesa não afirma outra coisa: "O tao, o caminho interior é o costumeiro". Se eu me colocar acima das outras pessoas em meu caminho espiritual, não serei repleto do espírito de Jesus, mas do espírito do orgulho. Eu me ensoberbeço de ideias espirituais e não entendi nada do caminho espiritual, como Jesus o entende. São Bento nos convida a nós, monges, em sua Regra, a uma espiritualidade bem cotidiana. Para São Bento, a espiritualidade não se decide em sentimentos piedosos, mas na disposição de me dedicar ao trabalho, à comunidade concreta, à ordem do dia e à oração em comum.

A espiritualidade precisa tornar-se concreta. Ela se mostra no dia a dia em rituais salvíficos. Mostra-se no trato amoroso com as pessoas, na disposição de ajudar, onde outras pessoas precisam de mim, e num trabalho em que sirvo às outras pessoas e não à minha imagem. Se uma pessoa é espiritual isto nós o vemos – diz São Bento – em seu dia a dia: em seu modo de lidar com as coisas do mundo, na maneira como trata as outras pessoas, como organiza seu tempo e, não por último, no trato consigo mesma. Nisto é manifestado-se, em tudo, o que lhe interessa é Deus ou ela mesma. Para São Bento, o objetivo de toda espiritualidade é "que Deus seja glorificado em tudo". E essa frase básica ele a coloca em sua Regra exatamente no sóbrio capítulo sobre os trabalhadores braçais. Assim como trabalham e lidam com o produto de seu trabalho, nisso se mostra se eles se deixam levar pela cobiça e voracidade ou se lhes interessa realmente a glória de Deus.

V

Como devo proceder? Pelo que sou responsável?

1
Não serei primeiro responsável por mim, antes de me tornar responsável pelos outros?

Os filósofos entendem por responsabilidade a competência da pessoa por seu procedimento, pela formação de sua própria personalidade e pelas tarefas por ela assumidas na sociedade. Max Weber cunhou a expressão "ética da responsabilidade". E o filósofo moderno Hans Jonas condensou programaticamente sua filosofia prática para a moderna sociedade no livro *Das Prinzip Verantwortung* (O princípio responsabilidade). Responsabilidade é aquilo que faz da pessoa ser pessoa. A pessoa é responsável por si e por sua vida, responsável perante Deus – assim dizem os teólogos –, e responsável diante de si e diante das pessoas – assim dizem os filósofos. A Bíblia entende a pessoa como alguém que responde ao chamado de Deus. Mas o que significa isto concretamente? Como e quando devo assumir essa responsabilidade?

Em primeiro lugar devo assumir a responsabilidade por minha vida. Conheço muitas pessoas que sempre responsabilizam outras pelo fracasso de suas vidas: "Os pais, os professores e educadores são culpados de eu ter sido prejudicado e, por isso, não ter vencido na vida". Isto pode ser uma estratégia cômoda. Sirvo-me de minhas feridas com o pretexto para eu mesmo não ter de viver. Mas algum dia devo assumir a responsabilidade por minha vida. Esta é a minha história, estas são as minhas forças, estas são as minhas fraquezas, minhas feridas e minhas experiências de proteção ou abandono. Responsabilidade significa: eu assumo essa minha história e lhe dou forma. Sou responsável pelo que faço daquilo que me foi dado.

Mas faz parte de nossa vida também assumir responsabilidade pelos outros. Quando duas pessoas se casam, assumem responsabilidade uma pela outra. E quando têm filhos, são responsáveis por eles. Todo aquele que dirige uma empresa é responsável pelos funcionários. Mas não são apenas as chefias, mas cada funcionário tem a responsabilidade pelo sucesso do todo. E isto vale para todos os setores da vida; sem essa disposição de ser responsável, a vida não tem sucesso.

Pascal Bruckner, um filósofo francês, detectou em nossa sociedade uma carência de responsabilidade. Seu diagnóstico: muitos se sentem como crianças-gigantes envelhecidas, que só têm exigências a fazer aos outros, mas não estão dispostos a assumir responsabilidades por si e pelos outros. Esperam algo dos outros, da sociedade, do Estado, da Igreja. Mas não estão dispostos a dar nada, a dedicar-se a alguma causa, a alguém ou à comunidade. Quem recusa a responsabilidade por sua própria vida não está disposto, na maior parte dos casos, a assumir a responsabilidade pelos outros. A responsabilidade por mim e pelos outros caminha unida.

2
Eu desempenho papéis, funções: sou realmente livre no que faço ou sou o produto de minha educação, de meus genes, de meu meio ambiente?

Minha tarefa não consiste num grande desempenho, mas em viver a única vida que Deus me confiou. Dessa vida fazem parte também minhas capacidades. Por isso faz sentido saber onde posso inserir bem minhas capacidades. Naturalmente tenho também papéis e funções a cumprir. Mas não posso abandonar-me apenas a papéis e funções, senão não vivo, mas sou vivido(a). Mas posso transformar meus papéis em tarefas, se eu mesmo(a) me empenhar neles.

Naturalmente, muita coisa na vida me foi predeterminada: meus genes, minha educação, meu meio ambiente. Mas eu não sou simplesmente o produto da transmissão hereditária, nem o resultado do estilo de educação de meus pais e nem a consequência das relações sociais em que fui criado(a). É minha responsabilidade reagir a esses condicionamentos, a esse "dote" de minha vida e formar alguma coisa daquilo que me foi dado de antemão. De mais a mais, não devo trabalhar contra minha natureza, mas com ela. Preciso notar como a educação me conformou. Então posso ver como reagir. Posso posicionar-me e ver como lidar com minhas feridas e moldá-las de tal forma que delas brote energia. Semelhantemente acontece com o meio social no qual me locomovo ou do qual provenho. Posso ver que encontro meu lugar no mundo e uma tarefa que me é realmente adequada. Esta tarefa não é de maneira nenhuma sempre dependente da vocação. Independentemente da vocação, tenho a tarefa de dar uma configuração mais humana a este mundo, fazer que brilhe um pouco da afabilidade de Deus aqui.

3

Sinto sempre que me torno culpado em relação aos outros, que não correspondo ao que realmente quero

A experiência da culpa, toda pessoa a tem. Mesmo quando nos esforçamos ao máximo para fazer tudo certo, cometemos erros. Ainda que assuma a responsabilidade por minha vida e pretenda realizar meus ideais, percebo que não satisfaço essa imagem idealizada. Sempre ficamos "devendo" alguma coisa aos outros, mesmo com grande esforço de nossa parte de fazer-lhes o melhor. Posso ficar meio desesperado(a) por isso. Mas também posso apresentar-me a Deus assim como sou e sinto então que sou aceito por Deus com toda minha inexperiência. Essa experiência me liberta das constantes autoacusações de fazer tudo errado, de que sou culpado(a) por ter cometido erros. Também na nossa convivência, ferimos outras pessoas. Não as satisfazemos porque giramos por demais em torno de nós e não temos olhos para elas e suas necessidades. Conheço pessoas que se acusam continuamente de haverem ferido sua falecida mãe, porque foram muito agressivas no tratamento final. Sentem-se culpadas e não conseguem perdoar-se por terem falhado no cumprimento de seu ideal.

Nessas situações, é importante crer no perdão de Deus para ficar livre das autoacusações e da dilaceração pelos sentimentos de culpa. A experiência do perdão de Deus deve levar, porém, a que também eu me perdoe. Perdoar a si mesmo(a) significa, em primeiro lugar, abandonar a elevada imagem ideal que criei a meu próprio respeito. Sou também aquela pessoa que se tornou culpada. Aceitar isso exige uma atitude de humildade. Ser humilde não é conceito moderno. Humildade – *humilitas* – significa, na verdade, a coragem de descer do trono da presunção e tornar-se pessoa entre as demais, aceitar-me em minha condição humana e terrena. *Humilitas* vem de *humus*, chão. Quem é humilde tem os dois pés no chão, tem contato com o solo e não se sente acima dos demais. E o humilde é misericordioso com as outras pessoas. E assim o sentimento de culpabilidade própria pode levar a um bom trato de mim mesmo(a) e das outras pessoas.

É importante distinguir entre culpa e sentimento de culpa. Muitos têm sentimentos de culpa sem que tenham realmente assumido alguma culpa. Reagem com sentimentos de culpa quando não tornam reais suas concepções de vida. É importante encarar os sentimentos de culpa e, no diálogo com eles, reconhecer onde estão exagerados meus critérios interiores. Às vezes chego a descobrir que os sentimentos de culpa indicam uma culpa que está em bem outro lugar, mas diante da qual preferiria não me posicionar.

A teologia distingue também entre pecado e culpa. Culpa é a negação da vida. Fico devendo alguma coisa a mim, ao próximo e a Deus. Por pecado entendemos via de regra a transgressão de normas. Mas esse entendimento é por demais superficial. A palavra grega para pecado (*hamartia*) significa um malogro da vida. No pecado faço malograr a minha verdadeira natureza. Vivo ao lado de minha verdade. No pecado, eu me separo da vida, eu me excluo da torrente da vida. Sobrevém uma espécie de paralisia, porque me afastei de minha própria natureza.

Também o conceito de pecado original é mal compreendido por muitas pessoas hoje em dia. O pecado original descreve simplesmente o fato de que nascemos num mundo contaminado pelo pecado. Em nosso pensar e sentir somos influenciados pelo meio ambiente. E este meio ambiente não é salutar. A resposta da teologia é: lá onde Cristo está em nós, estamos livres do pecado original. E isto quer dizer: lá onde Ele mora em nós, há um núcleo que é forte e puro, que não é contaminado pelo pecado, que é originalmente autêntico e bom.

4
Existe uma consciência inata ou ela é implantada em nós por nossos pais e pela sociedade?

Os filósofos gregos e romanos estavam convencidos de que havia uma consciência colocada por Deus dentro do ser humano. Para os romanos Cícero e Sêneca, a consciência é a instância interior que pode julgar se o modo de viver condiz com a lei natural inata. Santo Agostinho vê isso assim também. Para ele, a consciência é o íntimo escondido da pessoa. Aqui a pessoa chega ao seu verdadeiro cerne. Na consciência, ela tem uma percepção do que é a vontade de Deus ou do que é a lei natural à qual o ser humano deve obedecer.

Naturalmente sabemos que uma consciência também é marcada pelo meio ambiente. O conceito de Sigmund Freud do superego significa exatamente isto: que as normas sociais e as vozes dos pais se interiorizaram na pessoa. Essas vozes do superego nem sempre se deixam distinguir da voz da consciência. Já os monges primitivos indicaram critérios precisos para distinguir a vontade de Deus na consciência das proibições e normas interiores e exteriores dos pais. Esses psicólogos monacais sabem: a voz de Deus se distingue das vozes dos pais pela atuação sobre a psique da pessoa. A voz de Deus produz sempre vitalidade, paz, liberdade e amor. As vozes dos pais produzem em nós muitas vezes estreiteza e medo, exigência excessiva e dureza. São muitas vezes instigadoras que nos incitam a um rendimento sempre maior e a uma observância sempre mais estrita das normas. Deus não é um instigador, mas um despertador da vida.

É tarefa constante formar a consciência. Neste caso, devemos entender-nos com as normas assim como nos são dadas na natureza e como nos são apresentadas pela filosofia e teologia. E devemos refletir onde nossa consciência é influenciada demais pelo meio ambiente, onde só agimos assim porque todos também agem assim. A consciência é a instância mais íntima da pessoa que deve sempre agir segundo sua consciência. Contudo, sabe a tradição cristã que podemos também errar na consciência porque partimos de falsos pressupostos. Lá onde nossa consciência percebe uma norma para uma situação concreta como não orientadora, podemos também transgredir essa norma. Mas devemos proceder responsavelmente com nossa consciência.

A doutrina cristã sempre acentua que a consciência é a norma suprema. A norma da consciência tem prevalência sobre toda obediência à autoridade e normas impostas de fora. Conta-se do Cardeal inglês John Henry Newman que ele foi convidado por bispos a levantar um brinde ao papa e à sua autoridade. Ele respondeu numa maneira elegante, tipicamente inglesa, que certamente o faria de bom grado. Mas antes de beber à saúde do Papa, queria brindar à sua saúde da consciência... a consciência estava acima de toda autoridade e norma exterior.

5
Agir certo e errado: é possível distinguir isso assim tão facilmente?

Parece que antigamente era mais fácil distinguir entre certo e errado. Hoje sabemos que nem sempre é tão fácil assim, pois nossos motivos estão muitas vezes misturados. E o que parece bom para uma pessoa parece errado para outra. Nem sempre podemos prever as consequências de nosso agir. Nem tudo o que é bom na intenção é bom na sua consequência. Apesar disso há parâmetros.

Errado é o que prejudica as pessoas. Correto é o que levanta as pessoas. Poder-se-ia dizer também, o que "serve" para elas. Isto é naturalmente uma explicação muito genérica. Correto é o que corresponde à realidade. Incorreto é o que falseia a realidade e a ela se opõe. Quando se diz que o reto agir se pauta pelas normas que ele encontra na lei natural ou nas normas da religião, então já começa a dúvida. Possivelmente se exige demais das religiões, se quisermos obter delas instruções concretas de agir em todos os casos. Uma semelhante compreensão de religião aponta mais para uma direção errada. Aqui é importante a indicação de que na orientação de nosso agir também façamos uso de nossa razão.

E com isso já é certo e bom, em cada caso, o que corresponde à razão? Também isto não deve se tornar critério único. Outro critério deve comparecer para complementar: correto é também o que brota do amor e não do ódio. Também a razão é às vezes levada por sentimentos. Quando a razão age por ódio, torna-se cega. E então, apesar de produzir ações absolutamente racionais, elas são erradas porque prejudicam as pessoas. Também pessoas racionais praticaram a violência contra outras pessoas em nome da verdade. Sentiram-se donas da verdade e acharam que deviam levar as outras pessoas à força para a verdade. Fundamentalistas fanáticos apelam para a verdade e querem impô-la a todo custo. Estão cegos para seu lado de menosprezo das pessoas e de cunho violento porque, por pura obstinação pela verdade, fecham os olhos para suas necessidades pessoais de poder às quais dão vazão sob o manto encobridor da verdade.

Na filosofia, a correção está sempre ligada à verdade. Correto é aquilo que corresponde à verdade. Mas enquanto a verdade diz o que corresponde à realidade, há na correção (*rectitudo*) também uma exigência, que é a de também fazer aquilo que é conforme a verdade.

6
Diante de quem sou responsável em última análise pelo que faço?

Já a palavra responsabilidade indica: eu estou envolvido em múltiplas relações – com outros e com outras coisas. Tudo o que faço tem efeitos sobre meu meio ambiente. Assim, tenho responsabilidade pelas pessoas com as quais convivo. Mas eu não vivo só numa comunidade humana e num meio ambiente natural que é meu espaço de vida. Vivo também diante de Deus. Não fui colocado neste mundo por acaso. E, portanto, tenho responsabilidade também perante meu criador. Ele me criou de um modo todo especial. Não posso viver contra minha natureza. Minha vida me foi confiada, assim é minha obrigação viver de acordo com minha natureza. E existe dentro de mim uma premonição do que é certo para mim e para o meu agir. Os antigos chamam esta premonição interior de consciência. A palavra consciência vem do latim *conscientia*, que significa saber com. À base está a palavra grega *syneidesis*. Vem de *idein* = ver e *syn* = com. Na origem dessa palavra está a ideia de que em tudo o que faço há uma testemunha interior, um "cossabedor interior" que vê se agimos certo ou errado, de acordo ou em desacordo com a vontade de Deus. Dentro de mim há uma testemunha que vê muito bem o que faço e ao mesmo tempo o avalia. Quando pratico uma ação, sou sempre responsável perante minha consciência. Não é possível fugir da consciência interior. Isto me dividiria. Em tudo o que faço e falo devo satisfação à minha consciência. E na consciência é Deus que fala em última análise. Sou, portanto, responsável diante dele.

Sigmund Freud fala do superego. O que ele viu de correto foi: muitas vezes são vozes que me censuram, que me proíbem muitas coisas ou me recomendam algo que devo fazer impreterivelmente. São impulsionadores que me incitam: "Faça alguma coisa! Seja mais rápido(a). Seja melhor. Produza enfim alguma coisa!" Ou são avaliadores e depreciadores: "Você é impossível! Algo assim não se faz! Você é mau!" Nem sempre é fácil diferenciar na consciência a voz de Deus da voz do superego. Mas existe um critério decisivo para esta diferenciação: a voz de Deus leva sempre a uma maior vitalidade, liberdade, paz e amor. A voz do superego, porém, refreia e causa medo. Ela exige demais de nós e produz uma má consciência em nós.

7
Tenho responsabilidade só pelo meu meio ambiente próximo ou também por ele todo?

Primeiramente, nossa responsabilidade se dirige a nosso meio ambiente imediato. O que fazemos tem consequências para a família, a empresa, a vizinhança, os amigos. Mas ninguém é uma ilha e, em última análise, somos sempre parte do todo. Como seres humanos, somos responsáveis pelo mundo todo. A psicologia atual acentua que com o nosso pensar difundimos algo que produz efeito no mundo inteiro. Nossos pensamentos e sentimentos vão mais longe, por isso somos responsáveis se de nós sai uma disposição negativa ou uma energia positiva. Mesmo que muitas vezes não consigamos ter noção do efeito de nossos pensamentos e sentimentos, tudo o que pensamos, sentimos e fazemos influencia este mundo. Nosso agir cria vulto e codetermina um entrelaçado de campos mutuamente dependentes de realidade. Por isso somos responsáveis em tudo o que fazemos pelo todo do universo. Isto não significa que podemos esquecer o próximo concreto para só pensar na humanidade global.

O movimento ecológico desenvolveu uma nova consciência dessa responsabilidade pelo todo. Assim como procedemos com a criação de Deus, isto não se reflete apenas diretamente em nossa horta, mas no universo todo. Quando liberamos CO^2 com nosso carro, isto tem reflexos sobre o clima da terra toda. Em tudo o que fazemos, dependemos dos outros. Por isso somos responsáveis em nosso agir pelo todo. Isso não está sempre claro à primeira vista. Mas deveríamos ter consciência plena disso: não vivemos só para nós, e pronto. Quando não selecionamos direito o nosso lixo, não estamos prejudicando só o nosso conforto pessoal, mas o mundo como um todo. E quando nos comportamos com responsabilidade ecológica, isto também influi positivamente sobre o todo.

Mesmo que, como indivíduo, não possa fazer com que tudo vá melhor, posso dar minha colaboração para que alguma coisa fique melhor neste mundo. Não posso eximir-me da responsabilidade com a desculpa de que os outros governam o mundo, que eu não tenho absolutamente influência alguma sobre o todo do universo. Cada um grava com sua vida uma marca neste mundo. E é dessas marcas que se forma o mundo. Eu tenho a responsabilidade de gravar lá onde moro uma marca boa e propiciadora de vida neste mundo. Eu posso e devo contribuir para que ao meu redor tudo fique melhor, para que o bem em mim e através de mim se torne visível neste mundo. Isto não posso transferir para outros. Devo começar por mim mesmo.

Deus fez o mundo bom e colocou o bem dentro de mim. É, pois, minha responsabilidade deixar fluir para dentro do mundo aquilo que Deus me deu e colaborar para a boa constituição do mundo.

8
Devo engajar-me? O ativismo também não é um perigo?

Faz parte do ser humano tomar nas mãos sua vida e configurá-la. Deus nos deu mãos para que agíssemos. Isto pertence à nossa natureza como pessoas. Também a tradição dos Padres monacais conhece essa necessidade do agir: "Quando a tuas palavras não se seguem ações, pareces uma árvore que tem folhas, mas nenhum fruto", diz um ditado desses Padres. Mas naturalmente há sempre necessidade de consideração para pensarmos melhor o nosso agir e não fazermos tão só o que os outros fazem. Mas essa consideração não pode equiparar-se a um passivo autoafastamento das exigências de cada dia e a uma fuga para a indiferença em vista da realidade.

Na tradição espiritual falamos do *ora et labora* – reza e trabalha. A oração nos torna sensíveis ao que devemos fazer. Sem oração, nosso agir se torna muitas vezes cego e pode transformar-se em ativismo vazio. A oração nos mostra onde devemos engajar-nos e como nosso agir se torna cheio de sentido. Hoje denominamos esta divisão entre trabalho e oração com outros conceitos. Roger Schutz, de Taizé, fala de "porfia e contemplação". O teólogo da libertação, Johann Baptist Metz, acentua, assim como a teóloga feminista Dorothee Sölle, a conexão entre "mística e política". E também em outras religiões encontramos a vinculação entre meditação e responsabilidade social como, por exemplo, no "budismo engajado, do monge vietnamita Thich Nhat Hanh, ou no teólogo judeu Abraham J. Heschel que, na tradição dos profetas bíblicos, colocou o acento na união entre ética e mística e que aparece numa foto famosa ao lado do defensor dos direitos humanos Martin Luther King na marcha de protesto em Selma, no Alabama.

O próprio Jesus nos ensinou, na conhecida história de Marta e Maria, que precisamos dos dois polos, ação e contemplação (Lc 10, 38-42). Como Marta, devemos pôr mãos à obra quando necessário. Devemos ser amáveis com nossos hóspedes e tratá-los bem. Mas precisamos em nós também de Maria que se toma tempo e senta aos pés de Jesus para ouvir o que ele lhe tem a dizer. Se não tomarmos nenhum tempo para a oração, para o silêncio, para ouvir e refletir, já não percebemos que não estamos respondendo às verdadeiras necessidades das pessoas com o nosso agir. Existe então o perigo de só girarmos em torno de nós e de nossa boa fama. Tal modo de proceder, com o qual só desejamos ostentar a nós mesmos, não traz nenhum benefício para os outros. Para que o nosso agir seja fecundo, há necessidade de uma retirada para a oração, para a contemplação e o silêncio. Mas isto é algo bem diferente do que um esquivar-se das exigências da vida.

9
Por que devo engajar-me em favor dos outros?

O ser humano – já diziam os gregos – é um animal social: um ser que vive em sociedade. Pelo nosso próprio ser, já estamos sempre relacionados a outros, dependemos dos outros e sem eles não podemos existir, desde o nascimento. Toda criança depende de dedicação, cuidados e amor. E esta dedicação e cuidado é, por sua vez, o fundamento da dedicação aos outros. Vivemos na solidariedade e na união com os outros. "Só as pessoas humanas totais vivem o humano", esta frase de Goethe aponta para a união básica de todos. Apesar de nos sentirmos como eu e os outros, como os outros, somente na relação com o outro, com o tu, podemos tornar-nos "nós mesmos". Por isso pertence ao ser humano não fechar os olhos diante da necessidade do outro, mas entrar em ação quando vemos o irmão ou a irmã em necessidade.

É uma experiência primitiva do ser humano que o relacionamento entre os outros nem sempre é harmônico. A Bíblia narra o fratricídio no começo da história humana. Caim ficou com inveja de seu irmão Abel e o matou. Quando Deus o interpelou e lhe pediu contas: "Onde está teu irmão Abel?", Caim respondeu: "Não sei. Por acaso sou o guarda de meu irmão?" (Gn 4,9). Caim foge da responsabilidade pelo que fez. Mas por isso teve que vagar sem descanso pelo mundo com má consciência. Não podemos fechar os olhos diante do outro. Fomos criados como seres sociais e por isso temos responsabilidade pelo irmão e pela irmã. Não podemos agir como se os outros não nos importassem. Se fecharmos diante deles os olhos e o coração, nossa consciência se agita em nós. Não nos dá sossego. Não podemos ter paz interior se não nos preocuparmos também com as pessoas que nos cercam.

É certo que não podemos ajudar a todos, mas quem fecha os olhos diante do outro não terá sossego. Ele age contra sua própria natureza; está dividido dentro de si. Mostra-nos a experiência que temos uma obrigação interior de agir em benefício mútuo. Se não o fazemos, procedemos contra a nossa consciência e acabamos prejudicando em última análise a nós mesmos. Ter de andar errante e sem sossego como Caim é uma maldição que não deveríamos de bom grado tomar sobre nós. O filósofo Ferdinand Ebner assim se expressou: "Pessoas laterais e copessoas – todos procuramos aquele com o qual podemos ser pessoa. Não devemos viver *lateralmente* às pessoas, mas *com* as pessoas. Melhor ainda é quando vivemos *um ao outro*.

10
Por que devo ajudar, de preferência, os fracos?

A razão de ajudar preferencialmente os fracos pode ter fundamentação diversa. Posso dizer que isto corresponde à vontade de Jesus, que se voltou de preferência para os mais fracos. Nós cristãos devemos, pois, ver nos fracos o próprio Cristo e servi-lo. Outra fundamentação provém de nós mesmos. Quando menosprezo os fracos, fortaleço um clima de mesquinharia e dureza. Se um dia eu mesmo ficar fraco, sofrerei por causa desse clima que ajudei a criar. Tenho medo então de que as pessoas também me menosprezem, e vou sentir-me desamparado e impotente. O que faço ao irmão mais fraco, eu não o faço só a Cristo. Em última análise, eu também o faço a mim mesmo(a).

A tradição espiritual sempre nos convidou a acudir sobretudo os fracos, porque eles não têm outra pessoa que os ajude. E nisso agimos como o próprio Deus que, já no Antigo Testamento, defende a causa dos fracos. A rainha Ester reza: "Ó meu Senhor, nosso Rei, tu és o Único. Vem em meu auxílio, pois estou só e não tenho outro socorro fora de ti" (Est 4,14). Porque Deus aceitou o fraco Israel, devemos nós aceitar o fraco. Nisso imitamos o próprio Deus. Nossa ajuda aos fracos é uma resposta àquilo que aprendemos dele.

Naturalmente, o cuidado pelos fracos pode tornar-se também unilateral. Friedrich Nietzsche acusou o cristianismo de glorificar o fraco e condenar o forte. Isto levaria a uma religião de horizontes estreitos, onde o forte não tem lugar e da qual a forte personalidade se sente repelida. Mesmo que Nietzsche exagere em sua crítica do cristianismo, ele viu algo importante. O cristianismo não deve transformar-se numa religião de fracos. Caso contrário, não terá mais nenhuma força neste mundo futuro.

São Bento já sabia disso. Ele adverte o abade a proceder com os irmãos de tal forma que os fortes sejam desafiados e que os fracos não sejam desencorajados. Isto é para mim um princípio muito sábio. Os fortes precisam de um desafio para crescer e colocar sua força a serviço da comunidade. Mas, uma comunidade que glorifica os fracos pode também tirar o fôlego do forte. Com isso pode prejudicar a si mesma. É preciso haver um bom equilíbrio entre fortes e fracos. Ambos devem ser desafiados e viver na comunidade de tal forma que nela possam crescer.

11
Como posso lidar com o sofrimento dos outros, com as catástrofes diárias no mundo?

Não posso fechar os olhos para aquilo que acontece no mundo. Isto me tornaria cada vez mais indiferente e frio. Mas também não posso derreter-me sempre em lágrimas pelos grandes sofrimentos dos quais ouço falar pelos meios de comunicação mundiais, pois assim não poderia mais viver. Conheço pessoas que não suportam mais viver neste mundo de tanto ouvir e ver sofrimento alheio. Como devo lidar, pois, com o sofrimento no mundo sem me fechar e sem me estressar?

Um bom modo de se lidar com o sofrimento do mundo é vê-lo como um apelo para o agir ou para a oração. Em certos sofrimentos, minha participação ativa é exigida. Ela pode realizar-se de várias formas. Posso fazer uma doação e, com isso, uma ajuda concreta. Ou, analisando e vendo as causas das catástrofes, penso em como reagir adequadamente em meu mundo ambiente. Quando uma catástrofe é provocada por falta de consciência, é um apelo também a mim de agir com mais consciência pelo mundo ambiente. Muitas vezes não posso detectar as causas nem mostrar uma reação adequada. Então posso ao menos incluir o sofrimento em minha oração. Na oração, eu me mostro solidário com os sofredores. Participo com eles sem me envolver pessoalmente. Minha impotência flui na oração e se transforma em confiança de que Deus mande um anjo fortificador e consolador que transforme o sofrimento das pessoas atingidas.

Outro modo de lidar com o sofrimento do mundo consiste para mim em ver o sofrimento que observo como espelho em que reconheço a mim e o mistério da vida humana. Todo sofrimento me mostra que ele não é óbvio, que a vida é bem-sucedida, que sou sadio e protegido, que existe paz e não a guerra, que serei deixado em paz e não cairei nas mãos de terroristas ou sequestradores. E, assim, o sofrimento que vejo transforma-se em meditação sobre o mistério de minha vida e, em última análise, também numa inquirição sobre Deus. Como posso crer em Deus diante desse sofrimento todo? E como devo mudar minha imagem de Deus, para que possa realmente crer nele com minha razão e meu coração?

12
O honesto não é sempre o bobo? O que ganho fazendo o bem?

Quem é honesto cuida de sua própria honra e da honra de seus concidadãos. O desonesto despreza em última análise a si mesmo, e isto não lhe faz bem. Desonestidade para com os outros cria em mim discórdia. Quem mente aos outros mente para si mesmo, e quem engana os outros se prejudica. Quem engana, a ele aparecem quimeras, fantasmas interiores. Não consegue sossego com facilidade. De noite, manifestam-se os fantasmas e aparecem as consequências de seu engano. Quando então acorda, molhado de suor, não consegue distinguir muitas vezes se as imagens interiores são realidade ou apenas imagens de sonhos.

Muitas vezes não tenho vantagem quando faço o bem; pelo contrário, às vezes até perco vantagens momentâneas. Talvez eu não consiga o emprego que desejo, ou seja, sou mal visto pessoalmente quando digo a verdade, quando admito que esqueci alguma coisa. Sou alvo de críticas. Mas com o tempo isto me fortalecerá. Quem admite um erro, em vez de empurrá-lo sempre para cima dos outros, vai conquistar amigos a longo prazo. A circunvizinhança sabe que se pode confiar naquela pessoa. Ela não vai iludir ou decepcionar os outros. Faz o que está a seu alcance. E quando chega ao seu limite, fica firme. Mas o mais importante é que a pessoa honrada e que faz o bem sente-se bem melhor. Naturalmente nessa sua atitude não deve elevar-se sobre as demais pessoas. Mas quando fica firme em suas convicções de honestidade, aumenta sua postura pessoal. Assim se vive bem melhor do que curvando-se sempre para causar boa impressão externa.

Não faço o bem para ser visto e admirado pelos outros, mas porque desejo o bem e porque desejo ajudar alguém. Naturalmente existe também a sensação de ser explorado ao fazer o bem. Neste caso é bom escutar outros sentimentos. Enquanto nos causa alegria ajudar as outras pessoas e fazer-lhes o bem, deveríamos tranquilamente continuar assim. Só quando verificamos que somos explorados, ou quando sentimos em nós agressões, deveríamos pensar se realmente estamos fazendo o bem ou só satisfazendo as expectativas dos outros. Nesse caso deveríamos ter também a coragem de dizer não.

Há pessoas que não sentem o mínimo remorso, mesmo quando são desonestas. Mas elas se prejudicam a si próprias com o tempo. Pois algum dia vão depender das outras pessoas. E estas não lhes darão crédito quando descobrirem sua desonestidade. E a pessoa desonesta vai isolar-se a si mesma. Até empresas já sentiram isso: podem comprar momentaneamente alguma vantagem praticando o suborno ou fazendo outras falcatruas. Mas com o tempo vão colocar-se a descoberto diante do público e vão ter dificuldades de conseguir encomendas honestas e realizar negócios decentes. Não é à toa que diz o ditado: "A mentira tem pernas curtas". Ela não conduz à vida a longo prazo.

13
Posso viver com base nos valores e mesmo assim ter êxito?

Os valores nos proporcionam mérito e dignidade. Quem leva em consideração os valores em sua vida pessoal terá uma vida de valor. Quem não se orienta pelos valores perde a consideração de si próprio e dos outros. Sua vida ficará sempre mais fútil, e isto o leva para baixo. A palavra valor vem do latim *valere* que significa ser forte e ter saúde. Os valores nos dão portanto força interior. Tornam nossa vida saudável. Quando construo sobre valores, a construção que faço com minha vida terá fundamentos sólidos. Não desmoronará tão facilmente como podemos observar em pessoas que constroem sua casa da vida sobre a areia de suas ilusões ou quimeras. Com o tempo, só pode resistir quem constrói sua casa sobre base sólida. E essa base sólida são os valores ou as atitudes voltadas para os valores, as virtudes, conforme foram difundidas por filósofos e teólogos desde os tempos da filosofia grega: justiça, fortaleza, respectivamente coragem, temperança e sabedoria e as atitudes cristãs de fé, esperança e amor. Só quem vive segundo sua natureza, quem tem coragem e fortaleza para alcançar o que é importante em sua vida, quem aceita sua medida com temperança e não persegue necessidades sem medida, só quem é sábio e avalia corretamente a situação concreta poderá viver bem. E terá também êxito a longo prazo em sua vida. Isto vale para o que ele constrói pessoalmente, portanto para a parceria e a amizade. Mas vale também para o sucesso profissional. Um estudo sobre economia empresarial afirma: as empresas não tiram seu lucro da aquisição de algum cliente isolado ou de novos clientes, mas da manutenção dos clientes tradicionais e fiéis. Para o cliente tradicional, não é apenas o preço que interessa. Ele considera também os valores que quer ver na empresa como honestidade, cordialidade, justiça, confiança e autenticidade. Tudo isso entra em seu cálculo. A empresa que só quer aumentar suas vendas através de burlações vai afogar-se em seu próprio desregramento. A experiência mostra que empresas que subiram como foguete também caíram com a mesma velocidade. Com o tempo, só tem êxito quem se baseia nos valores.

14
Preciso de profissão e trabalho se quiser realizações e sentido na vida?

Profissão e trabalho são campos importantes em que posso encontrar uma vida realizada. É conveniente cuidar do próprio sustento quando se está em condições de fazê-lo. O valor social do cargo no trabalho assalariado em nossa sociedade é muito considerado por um grande número de pessoas. Na profissão, posso realizar minha vocação. Mas ainda que uma ocupação profissional não corresponda totalmente à minha "vocação", é conveniente cuidar da base material da vida.

Mas o trabalho assalariado não é o único campo de autorrealização. O dinheiro e o montante do salário não fazem sentido em si. É preciso dar-lhes sentido. Mesmo a mãe que não é uma profissional realiza algo muito importante para seus filhos. Ela descobre em seu ser mãe realizações e sentido. E também um pai que se preocupa dedicadamente com os filhos faz algo grandioso. Um gerente de banco provavelmente não encontra realização só em seu emprego e se engaja em casa no clube esportivo, vai à igreja, lê livros e se alegra com os amigos. Tudo isso também traz realização. Até o desempregado pode encontrar realização e sentido em sua vida. Naturalmente é um pesar quando perco o emprego. Mas o importante é não me entregar.

Devo olhar que outras capacidades ainda existem dentro de mim. E então devo tentar inserir essas capacidades talvez em outro trabalho, num projeto ou simplesmente complementar meus estudos neste período de desemprego. O importante é que nessas condições mencionadas eu dê um sentido à minha vida.

Se ficar doente e não puder trabalhar mais, nem por isso minha vida perderá seu valor. Receberá outro valor. Agora minha tarefa é lidar bem com a doença, deixar-me abrir por ela para Deus e ficar exposto para o mistério do ser humano e ir ao encontro da outra pessoa de maneira nova. Não podemos, pois, ver o valor da pessoa só em seu trabalho. Cada qual tem, como pessoa, um valor absoluto e inviolável. E cada pessoa vai encontrar sentido em sua vida se viver segundo sua pessoalidade, se gravar neste mundo seu rasto específico de vida, se mostrar ao mundo seu ser único.

15
Quais são os critérios do verdadeiro êxito?

Dizemos que uma pessoa tem êxito quando muitos a seguem, quando tem partidários. Na televisão, tem maior êxito quem tem maior audiência. Comercialmente tem êxito a empresa que apresenta bons resultados e aufere altos lucros. Ou aquele que tem um alto salário e que na negociação salarial ainda consegue mais.

Quais são, pois, os critérios de um êxito real? Em primeiro lugar, trata-se de ter êxito a longo prazo e não apenas acender um fogo de palha. Para isso há que se ter naturalmente a justa medida. Quando alguém ultrapassa sua medida, o êxito será sempre tão só de curto prazo. Um êxito de longa duração precisa de uma base sadia. Isto pode ser para o indivíduo seu conhecimento, sua inteligência, sua saúde, sua percepção daquilo que move precisamente as pessoas.

Outro critério é que o êxito não seja conseguido à custa de outras pessoas. Quando preciso pisar em alguém para ter o meu êxito, este certamente terá pernas curtas. O verdadeiro êxito é fruto da capacidade própria. Mas nunca se baseia no rebaixamento dos outros.

Outro critério ainda: o êxito precisa sempre do relacionamento com os outros. Terei êxito comercial se tiver uma boa ideia que faz muitos adeptos e, portanto, se venda bem. No grande público, meu êxito vai depender de meu bom relacionamento com as pessoas. Há gente que sabe manipular por certo tempo os outros, demagogos que experimentam uma ascensão repentina. Mas o êxito duradouro será tão somente aquele que se baseia num relacionamento honesto com as pessoas. Quem engana constantemente os outros não terá êxito duradouro.

Alguns pensam que no comércio se trata de eliminar o concorrente e tirar-lhe a clientela para, assim, ter êxito. "Meu êxito é a derrota do outro". Essa afirmativa não leva longe. Na organização empresarial, aprende-se que tanto no seio da empresa quanto no relacionamento externo, com os clientes, é preciso proceder de tal forma que ambas as partes se sintam ganhadoras. Se eu transmitir continuamente a outras empresas a sensação de que elas são perdedoras, algum dia elas vão querer se vingar. Eu crio um clima hostil que vai se voltar negativamente contra mim. Quem acha que pode ter mais êxito praticando a corrupção está no caminho errado. Pois tal meio é indicativo de autodepreciação e desprezo pelos outros. E, a longo prazo, nenhuma empresa sobrevive, na qual as pessoas não se sentem prestigiadas. Autodepreciação e desconsideração das pessoas vão aleijando uma empresa e a tornam com o tempo sem valor e desacreditada, não só sem credibilidade no meio empresarial, mas também do ponto de vista financeiro. Também aqui vale: só ganhamos valor quando observamos valores.

Se aplicarmos também às pessoas a afirmação básica de Darwin de que só os mais fortes e os mais adaptados sobrevivem, tomaremos como fundamento de nossa vida uma cosmovisão brutal. O que pode valer para a evolução do reino animal não vale para a cultura humana. Aqui vai predominar com o tempo não o forte, mas o bom. Isto é a convicção de muitos filósofos. E a experiência mostra que sua convicção está correta a longo prazo. A curto prazo têm êxito demagogos, tiranos brutais ou comerciantes inescrupulosos. Mas a experiência mostra: seu êxito está sobre pernas fracas e logo ruirá. Dessas pessoas ninguém mais se lembrará no futuro, ao passo que muitos que não se acomodaram à situação e aparentemente fracassaram, como alguns santos e mártires, ainda hoje são admirados. É preciso ter uma fé robusta para confiar, contra todas as aparências, que não prevalecem os mais fortes e os que se acomodam espertamente à situação, mas que terá êxito a longo prazo aquele que opta pelo bem e pela verdade.

16
Um cristão age diferentemente de qualquer outra pessoa de boa vontade?

De modo geral, o cristão age como toda pessoa que se pauta pelos valores humanos, assim como se constitui a imagem humanística do mundo. Mesmo que se diga que os valores do humanismo provêm, em última análise, do cristianismo ou ao menos por ele foram impregnados, vale o seguinte: há valores que unem todas as pessoas de boa vontade. O Apóstolo São Paulo adverte os cristãos de Filipos que em seu comportamento, que em nada deve ser inferior ao dos filósofos estoicos, observem o seguinte: "Tudo o que é verdadeiro, tudo que é nobre, tudo que é justo, tudo que há de puro, tudo que há de amável, tudo que há de louvável, tudo que seja virtude ou digno de louvor, eis o que deve ocupar vossos pensamentos" (Fl 4,8). Os cristãos deviam praticar, segundo Paulo, todas as virtudes que os filósofos estoicos procuravam pôr em evidência. Através de sua atitude humana deviam convencer os outros.

Em que se distinguem, pois, os cristãos das outras pessoas? Paulo está convencido: os cristãos que acreditam que receberam o espírito de Jesus e que vivem dentro desse espírito, querem viver de modo diferente. É esse espírito que os torna capazes de concretizar todos os valores que eram vividos de igual forma em seu mundo ambiente por judeus e gregos. Mas o espírito de Jesus também os leva a interessar-se conscientemente pelos pobres e voltar-se para aqueles que vivem à margem e que não têm ninguém por eles. Os cristãos veem em cada pessoa um irmão, uma irmã em Cristo. Por isso, tratam toda pessoa como se fosse o próprio Cristo e lhe atribuem a mesma dignidade, independentemente de seu *status* e sem considerar sua classe social. Os filósofos gregos também conhecem o amor ao próximo. Mas a mensagem de Jesus colocou como ponto central do comportamento cristão o amor aos inimigos e assim induziu muitos cristãos a viverem sem o uso da violência neste mundo e sem menosprezar os que os prejudicavam, mas ver também neles ainda o desejo do bem. Mesmo que muitos cristãos não tenham correspondido à mensagem de Jesus, ela trouxe uma atitude a este mundo que não pode mais ser anulada. A imagem de Jesus da universalidade de um Deus Pai de amor fez com que se rompesse a limitação à raça, à família ou ao povo e que todas as pessoas fossem consideradas como filhos e filhas de Deus. Isto leva da estreiteza para a largueza, da ideia de estirpe para um horizonte global.

O objetivo último da mensagem de Jesus foi a criação de uma comunidade universal. As pessoas de todas as culturas e religiões deveriam viver juntas em paz e no respeito e atenção ao mistério do outro. Isto foi vivido pelo próprio Jesus e por muitos cristãos que o seguiram como uma possibilidade de convivência, de forma que constitui um constante incentivo para nossa convivência tão marcada por tantos conflitos.

17
O amor ao inimigo não é irreal num mundo como o de hoje?

Eu posso dizer: odiar o inimigo é, a longo prazo, mais estressante do que amá-lo. Amar o inimigo não significa tornar-me vítima de pessoas perversas. O amor ao inimigo é algo ativo. A inimizade nasce normalmente da projeção. Uma vez que a outra pessoa não consegue aceitar a si mesma, combate em mim o que acha tão ruim nela. Se eu reagir indignado a essa atitude hostil, o inimigo impôs a mim as regras do jogo. Amar o inimigo não significa tolerar tudo. Em primeiro lugar significa que eu compreenda a projeção: quão ferida deve estar a outra pessoa para que tenha de me ferir constantemente? Quão dilacerada deve se sentir para querer me dilacerar? Vejo, portanto, no inimigo, a pessoa ferida e magoada. Não assumo sua projeção, mas reflito no que ela precisa para ter paz consigo mesma. Não lhe dou poder nenhum. A outra pergunta então soa assim: como reagir concretamente a seus ataques inimigos? O amor ao inimigo não me proíbe de me defender. Mas não me defendo contra um inimigo, mas contra alguém interiormente dilacerado e pelo qual nutro sentimentos. Eu me defendo, para que ele entre em contato com sua própria verdade. Mas eu lhe comunico que não o recuso como pessoa.

Lucas, como grego, interpreta o amor ao inimigo de Jesus sobretudo como bênção daqueles que me amaldiçoam. Bênção significa:

pensar e falar bem do outro, desejar bem ao outro. Quando desejo o bem ao outro, supero o poder do negativo. Vejo o outro através de outras lentes, pelas quais descubro nele o bem. No abençoar, no desejar o bem, não preciso violentar-me nem os meus sentimentos. Percebo que, no abençoar, o bem se torna mais forte também dentro de mim e me faz bem. Então o amor ao inimigo não será uma exigência excessiva, mas gera o bem em mim e na outra pessoa.

São Bento adverte o abade para que ame os irmãos e odeie os erros. Isto é uma concretização do amor ao inimigo. Ele é bem realista em nosso mundo. Isto não vale só para os relacionamentos pessoais ou para o âmbito privado; tem consequências inclusive políticas. Concreto ele se torna no tema terrorismo. Em todas as considerações sensatas sobre segurança – só conseguiremos, em última análise, vencer o terrorismo pelo amor ao inimigo e não respondendo violência com violência e com isso gerando uma espiral de violência.

18

Quais são os critérios para empregar bem o dinheiro?

O dinheiro serve em primeiro lugar para pagar as despesas necessárias do sustento. Também ajuda a garantir o sustento futuro. Portanto, é sensato guardar dinheiro e investi-lo bem para que possamos viver sem medo da pobreza e da necessidade na velhice. Mas temos de ter sempre a clara consciência de que o dinheiro serve ao ser humano e não vice-versa. O dinheiro pode também desenvolver uma dinâmica própria. Há pessoas que nunca acham que têm o suficiente. Querem sempre mais. E exageram a seguridade de sua velhice. Tornam-se, em última análise, dependentes do dinheiro. Ao lidar com o dinheiro precisamos ficar interiormente livres, não nos definir pelo dinheiro, nem deixar-nos dominar por ele. Uma vez que o dinheiro deve servir ao ser humano, não deve servir só para mim, mas também para outras pessoas. Com o meu dinheiro, tenho sempre também responsabilidade por outras pessoas. Gastos para objetivos bons são apenas uma possibilidade de exercer concretamente essa responsabilidade. Como diretor de alguma empresa posso criar empregos sólidos através de bons investimentos monetários e assim servir às pessoas. Ou subvenciono projetos que visam promover uma vida mais humana. Importante é o aspecto de serviço às pessoas e a solidariedade. É, sobretudo, o evangelista Lucas que nos adverte a termos uma atitude de partilha mútua.

Como investir bem o dinheiro para o nosso futuro, há diferentes respostas. Não é em último lugar que depende da psique da pessoa. Há alguém que prefira mais riscos, outro quer menos. Prefere dormir com sossego. Mas também aqui se trata de lidar inteligentemente com o dinheiro. Contudo, há que se levar em conta sempre a justa medida que reprime nossa ganância. E há necessidade também de pontos de vista éticos. Não devemos investir o dinheiro somente lá onde rende mais, mas também lá onde se levam em conta critérios éticos. Entrementes, muitos bancos colocam fundos éticos à disposição das empresas que mantêm as normas de segurança, do tratamento digno dos funcionários, da justiça e da ecologia. É decisivo em todo uso do dinheiro: não podemos sucumbir à cobiça. E para tanto há que ter, sobretudo, liberdade interior.

19
Que chances tem a fé na justiça contra o predomínio do econômico?

Parece que hoje o econômico se tornou o critério absoluto não só na política, mas em todo o nosso proceder. O agir humano comum, que se baseia no impulso imediato do amor ao próximo, tem cada vez mais dificuldade – a menos quando se trata de organizar relacionamentos maiores. Até mesmo a ajuda que prestamos aos doentes e idosos é cada vez mais avaliada por critérios econômicos. É preciso ser calculado, é preciso que seja pagável, deve compensar e valer a pena – eis a fórmula mágica secular. A política parece que perdeu todo seu poder para a economia. Deixa que a economia lhe prescreva em grande parte o seu procedimento. É uma realidade que não se pode negar e que vai adquirindo sempre mais força. Mas já está nascendo em muitas pessoas o sentimento de que assim não pode continuar. A absolutização do econômico gostaria também de mandar sobre o domingo, sobre a cultura e sobre a religião. Contudo, as religiões têm a tarefa de manter vivo na sociedade o desejo pelo totalmente outro e, assim, impedir a absolutização do econômico. O culto a Deus que celebramos todos os domingos e que é frequentado ainda hoje em dia por milhões de pessoas, é um espinho no sapato da absolutização do econômico e que pretende torná-la apenas relativa. Este "outro" não pode cair no esquecimento nem ser soterrado.

É preciso ter muita autoconfiança para não cair de joelhos diante da predominância do econômico, mas construir sobre outros valores. Para Platão, a justiça é a virtude que abarca todas as outras. Devemos tentar fazer justiça a todas as pessoas e não rebaixá-las a escravas da economia. Fico esperançoso quando recordo uma frase de Albert Einstein: "Um pensamento que foi expresso não pode mais ser anulado". Isto vale também para a justiça. O pensamento da justiça, que também hoje em dia é sempre expresso e no qual as pessoas acreditam, não pode ser anulado. Vai produzir seu efeito. A crença na justiça não pode ser extirpada. É preciso ter paciência. E também é preciso haver a esperança de que nós ainda poderemos testemunhar os efeitos do pensamento da justiça. Mas nada acontece por si. A justiça também precisa de nossa iniciativa atuante, precisamente em tempos em que ela é questionada.

VI

O que me faz amadurecer? O que me consola?

1
Medo ou confiança, o que é mais realista?

Em cada um de nós há medo e confiança. Não há pessoa que só tenha medo ou só confiança. Porém, muitas vezes, estamos mais fixados no medo, pois ele tem sua razão de ser. Se não tivéssemos medo, não teríamos medida. O medo nos aponta perigos reais e mobiliza forças em nós para nos proteger contra os perigos. E o medo nos convida sempre a aceitar nossos próprios limites. Mas existem medos que nos paralisam, e não podemos simplesmente reprimi-los. Melhor é conversar com eles. Perceberemos então onde o medo nos chama a atenção para suposições de base falsa. Talvez nos mostre o medo de construirmos imagens ideais de nós altas demais e que não conseguimos realizar. Ou nos remete para a suposição fatal de que não podemos cometer erro algum, porque seríamos relegados pelas pessoas, não podemos jamais cometer uma gafe, pois mostraríamos que não temos nenhum valor. Outros medos nos relacionam com a natureza de nosso ser humano. Não podemos extirpar em nós o medo da doença e da morte. Ele nos leva ao nosso verdadeiro si-mesmo que sobrevive às doenças e à morte.

Além desses medos pessoais, existe o medo em relação ao futuro de nosso mundo, o medo da guerra e do terror, do poder da criminalidade organizada, do progressivo envelhecimento da sociedade e da constante destruição do meio ambiente. Todos esses medos são justificados. Querem mobilizar forças em nós para reagir contra essas tendências negativas em nosso mundo e lutar pelo bem. Mas nessa luta não podemos deixar-nos levar só pelo medo. Em última instância, há que haver a confiança de que o bem é mais forte do que o mal, de que o mundo, apesar de todas as possibilidades destrutíveis do poder humano e de todos os perigos, está na mão de Deus. O medo sozinho é um mau conselheiro. O medo pode mobilizar forças, mas há necessidade da confiança para colocá-las nos trilhos certos. E há necessidade de confiança e esperança para não desanimar de si mesmo(a) e da humanidade, mas crer num futuro bom, porque o futuro está na mão de Deus.

Há pessoas que confiam cegamente nos outros e por isso são muitas vezes exploradas. A confiança precisa sempre de um posicionamento realista diante da outra pessoa ou da situação. Mas a confiança como atitude básica é pressuposto da vida dar certo. Essa confiança não a posso simplesmente me recomendar. Possivelmente eu a recebi como dom originário através de meus pais e que foi crescendo e se fortalecendo através de minha experiência de vida. Posso realmente trabalhar para fortalecer em mim a confiança e a esperança. E se minha história de vida me indicou um déficit de confiança, a fé de que Deus me ampara pode compensar ou remediar este déficit e fortificar minha confiança.

2

Como entender o sofrimento, como lidar com ele sem quebrar?

É impossível responder teoricamente à pergunta por que temos de sofrer. Só podemos constatar que sofremos. E podemos observar pessoas que se revoltam diante do sofrimento, e outras que amadurecem por causa dele.

Mas ficam as perguntas: Por que sofro? Qual é o sentido último de meu sofrimento? O que me faz sofrer?

Muitas vezes nos queixamos do sofrimento. Mas não temos uma ideia precisa e clara sobre o que realmente nos magoa. Às vezes somos iguais a crianças que gritam e choram, mas não sabem o que realmente querem. Sofremos quando nossas expectativas não se realizam. Sofremos quando nós mesmos(as) não somos como gostaríamos de ser. Sofremos quando uma pessoa querida adoece perto de nós ou morre. Este sofrimento é parte do ser humano.

Apesar disso, é importante a intenção de querer entender o sofrimento. Muitas vezes esbarramos com limites. Quando uma pessoa jovem adoece gravemente perto de nós e morre, não conseguimos entender o sofrimento daquela pessoa e nem o nosso por causa dela. Ficamos sem palavras, temos de suportar essa estupefação e procurar uma explicação em plano mais profundo do que realmente aconteceu e o que causou em nós este sofrimento tão agudo. Mesmo que jamais compreendamos a morte violenta e repentina de uma pessoa jovem, é importante compreender o nosso sofrimento por causa dela e observar o que foi atingido tão profundamente em nós. Talvez tenha sido o nosso medo de termos de morrer também muito jovens.

Às vezes percebemos também que somos nós mesmos que nos causamos algum sofrimento. Quando não escutamos nossa voz interior e agimos contra a nossa natureza, isto leva a um sofrimento pelo qual nós mesmos somos "culpados" porque fomos nós que o causamos em última análise. Apesar disso, dói. Ou quando teimamos em manter nossas concepções de vida que fogem da realidade, sofremos devido a esta situação. Mas, em última instância, é um sofrimento que nós mesmos nos causamos, porque não estamos dispostos a abandonar nossas ilusões. Porém, ainda assim é importante entender nosso sofrimento. E quando o entendemos, é mais fácil lidar com ele.

O segundo passo é interpretar o sofrimento. Depende de mim a interpretação que lhe vou dar. O sofrimento não tem sempre em si uma interpretação determinada. Interpretar é assunto da pessoa. E é sempre subjetivo. Contudo, não posso interpretar o sofrimento de qualquer jeito. Na alma humana há diversos modelos de interpretação. Devo eu me decidir à qual interpretação darei preferência.

Um modelo muito comum de interpretação é o do castigo. Mas se eu interpreto o sofrimento como castigo, não consigo lidar bem com isso. Sinto-me castigado e procuro logo a culpa em mim. Isto me puxa mais para baixo ainda e aumenta minha dor. Deveria decididamente não usar esse modelo.

Outro modelo de interpretação é ver o sofrimento como um desafio. Esse modelo já é mais benéfico. Não posso dizer que Deus me envia o sofrimento para me provar, mas eu posso aceitá-lo como um desafio pessoal de não me entregar, de resistir e, apesar de tudo, continuar em meu caminho.

Posso interpretar o sofrimento como um caminho no qual chego a um outro plano da alma. Paro de viver superficialmente. O sofrimento me obriga a perguntar pelo verdadeiro fundamento que me sustenta. Dessa maneira é mais fácil lidar com o sofrimento.

Posso, enfim, interpretar o sofrimento como desafio espiritual. Eu o entendo como algo que me abre para Deus. Henri J.M. Nouwen, teólogo e psicólogo holandês, disse, por ocasião da bênção inaugural de uma casa para padres e religiosos, que sofriam de *burnout*: "Lá onde estamos quebrados, quebram-se também os papéis, máscaras e armaduras que colocamos ao redor de nossa alma. Lá seremos abertos para nosso verdadeiro si-mesmo e também para Deus". Portanto, o sofrimento pode abrir-nos também para as pessoas, de modo que as entendamos melhor em suas aflições e necessidades.

Também Jesus não deu nenhuma resposta teórica à pergunta por que temos de sofrer. Mas Ele mesmo veio a este mundo e tomou sobre si o sofrimento. Ele tomou uma atitude perante o sofrimento das pessoas: curou muitos doentes e endireitou pessoas encurvadas. Mas não tirou todo o sofrimento do mundo. E, finalmente, experimentou o sofrimento em seu próprio corpo. Ele não fugiu dele, mas o assumiu. Mostrou-nos assim um caminho de como nós também podemos lidar com o sofrimento.

Não devemos procurar o sofrimento ou atraí-lo a nós; devemos, ao contrário, lutar contra o sofrimento deste mundo. Mas quando ele nos atinge, não devemos baquear. Devemos, sim, questionar as normas de nossa vida e deixar que se quebre a fé ingênua de que tudo é factível. Devemos deixar que se quebre a imagem pré-fixada que fizemos de nós e também de Deus. Se assim procedermos, talvez o sofrimento nos abra para nosso verdadeiro ser, para nosso cerne mais íntimo, que não é atingido pelo sofrimento. E talvez nos abra também para o totalmente outro, para o Deus incompreensível.

A fé é uma ajuda importante para suportar o sofrimento sem baquear. Quando, em meu sofrimento, sei que sou amparado e estimado por Deus e nele percebo meu espaço interior no qual Deus mora em mim, então lá o sofrimento não tem acesso. Não consegue me derrubar.

3
Que sentido tem o fracasso?

O fracasso em si não tem sentido. Mas podemos dar-lhe um sentido. Nem tudo na vida dá certo logo de saída. Quando tentativas não dão certo no começo, é possível fazer novas. Pode-se aprender isso também nas relações intra-humanas. Mas com todo o esforço para evitar conflitos, existe realmente o fracasso. Existe o fracasso no casamento, no trabalho conjunto com determinados funcionários e também um fracasso no projeto de sua vida.

Naturalmente há várias dimensões do fracasso. Quem não passa num exame pode tentar nova chance. E quando fracassamos na solução de um problema, podemos tomar isso como um desafio e tentar outros caminhos. Em princípio é muito doloroso fracassar. Numa visão existencial mais profunda, o fracasso significa que um projeto de vida, sobre o qual havíamos colocado toda nossa esperança, veio abaixo. A questão é saber se nós mesmos ruímos ou se é apenas a construção de vida, por nós levantada, que ruiu. O fracasso poderia talvez mostrar-nos que essa construção de vida não correspondia à nossa verdadeira natureza. Nasceu mais da imagem que fizemos de nós mesmos do que da imagem que Deus fez de nós para si.

No fracasso, alguma coisa se quebra em mim. Quebra aquilo sobre o qual eu havia colocado minha esperança. Em tal situação crítica, é importante que eu, como pessoa integral, não quebre. Para mim só existe a seguinte alternativa: ou deixo que se quebrem, pelo fracasso, minhas concepções de mim e de minha vida, ou eu mesmo quebro junto. Se eu deixar que minhas ilusões se quebrem, isto poderá tornar-se uma chance. Posso ser aberto para meu verdadeiro si-mesmo e para Deus. E o fracasso, que em princípio deixa cacos, pode vir a ser o lugar onde Deus recompõe os cacos de minha vida e reconstitui a forma que melhor corresponde à minha real natureza. Às vezes o fracasso é um indicativo de que fizemos de nós uma imagem e quisemos realizar em nossa vida esta imagem que não correspondia à nossa imagem mais íntima que Deus fez de nós para si. Por isso, o fracasso pode ser também uma chance de crescer para dentro dessa imagem única e singular que Deus fez. Mas o caminho para lá passa obviamente pela dor da decepção, pela dor das feridas e pela dor de que meus projetos de vida naufragaram. Contudo, para os cristãos, a cruz é um sinal de esperança de que não há fracasso que não possa ser transformado, que não possa ressuscitar em novas possibilidades, ressuscitar para a amplidão em Deus.

Às vezes as construções de vida que nós fizemos precisam ruir, para que Deus possa construir conosco a casa que corresponde à nossa verdadeira natureza. Na Bíblia consta que Deus constrói a partir dos escombros de Jerusalém a nova cidade, que faz dos cacos de nossa vida algo novo e que do cepo cortado brotará um rebento novo. Essas imagens são belos modelos de interpretação com os quais podemos dar sentido também aos nossos fracassos. Mas sempre depende da interpretação. Se eu interpretar meu fracasso como sendo eu o(a) culpado(a), como tendo feito tudo errado, isto me puxará para baixo e me tirará todas as energias. Mas se eu o entender como algo que em mim se quebrou para que o autêntico cerne apareça com toda sua nitidez, então posso reconciliar-me com meu fracasso. Neste caso não roubará minha dignidade e nem me rebaixará. E posso vê-lo até como chance de amadurecimento, de crescimento e de ser cada vez mais aquele(a) que sou na intenção de Deus.

4
Pode a doença ter um sentido?

Em muitas doenças, reconhecemos de imediato sua razão de ser. A doença tem provavelmente o sentido de chamar a atenção para minha medida. Eu me sobrecarreguei e não percebi que não dava conta. Eu não me atrevo a declinar de algo ou dizer não quando solicitado. Força-me então a doença a dar uma pausa e tomar aquele tempo livre que, por vontade própria, eu não tomaria. Além disso, não devo perguntar demais pelas causas da doença, senão corro o perigo de me culpar por toda doença, de ter feito algo errado. E, neste caso, a doença faz nascer em mim sentimentos de culpa que me tornam mais doente ainda. Deveria, antes, perguntar pela razão de ser da doença: o que ela me quer dizer? Para o que deseja chamar minha atenção? O que devo mudar em minha vida? E, assim, posso às vezes ser até grato à doença. Existem também doenças corporais que me protegem de uma sobrecarga psíquica. Há pessoas que talvez tivessem caído numa psicose, não fosse a doença corporal. Médicos, psicólogos e conselheiros espirituais podem constatar muitas vezes no diálogo com doentes que a doença não é só um mal, mas que tem um sentido e abre novas possibilidades de vida.

Mas existem também doenças que parecem absurdas. A doença de uma criança que a leva à morte, um câncer que atinge uma jovem mãe, o tumor cerebral que atormenta o pai no auge de sua capacidade de trabalho e que não pode ser operado, em todas essas doenças não conseguimos ver sentido. Não entendemos por que Deus permite que a jovem mãe morra e deva abandonar seus filhos pequenos. Aqui também faz pouco sentido perguntar imediatamente por alguma razão de ser. Temos de suportar a falta de sentido. O teólogo Karl Rahner acha o seguinte: Só quando aceitamos a incompreensibilidade do sofrimento, podemos pressentir algo da incompreensibilidade de Deus. Então a incompreensibilidade do sofrimento torna-se parte da incompreensibilidade de Deus.

Mas exatamente assim a doença nos pode colocar diante da pergunta sobre o sentido de nossa vida em si. Evidentemente o sentido não vem apenas da vida longa, do cuidado e dedicação dos outros. Uma doença incurável me remete para um outro plano: o mais importante não é a duração de minha vida, mas que eu grave nestes anos que Deus me concedeu meu rasto de vida bem pessoal neste mundo. Algumas pessoas, através de sua doença incurável tornam-se cada vez mais transparentes ao brilho primordial e autêntico de sua alma. A doença incurável não tem sentido em si. Mas eu posso dar, no surgimento da doença, um sentido – com a "força de teimosia da mente" (V.E. Frankl) de que somos capazes.

5
O que significa ser saudável? Qual a importância do bem-estar e da saúde?

A questão está sempre em como eu defino o bem-estar e a saúde. O bem-estar corporal não é o mais importante. O decisivo é se eu estou em sintonia comigo mesmo(a), ainda que tenha dores corporais ou psicológicas. Se definirmos o bem-estar como um estar isento de dores físicas, ficamos num plano superficial. E perderemos o bem-estar tão logo surjam as dores e doenças como, por exemplo, na velhice. Decisivo é que eu diga sim a tudo que existe em mim e com ele me reconcilie. Isto significa estar saudável. Ser saudável tem a ver com o ser total.

Na Bíblia, Deus é referido sempre como o Deus da salvação, que cura o que em nós é incompleto, ferido e prejudicado. Aqui se trata sempre da cura da dilaceração interior. Muitas pessoas estão divididas em si mesmas. Quando se desejava antigamente a alguém saúde, não se pensava apenas na saúde corporal. Era para tudo correr bem para a pessoa. Tudo era para estar em sintonia com sua natureza mais íntima. Saúde significa para as pessoas a experiência da liberdade, paz, amor e justiça. Quando falamos de desgraça, também aqui está incluída esta compreensão global, pois queremos dizer que algo não está bem, que saiu do prumo, que está ameaçado em seu ser mais profundo. Ter saúde significa sempre para a Bíblia estar em sintonia consigo mesmo(a), mas também na graça de Deus, sob sua bênção e proteção e, em última análise, ser um com ele. Somente no ser um com Deus posso unificar em mim tudo o que se digladia dentro de mim e torná-lo saudável e global. Essa sensação de saudável posso tê-la mesmo que esteja padecendo de dores corporais ou psíquicas e mesmo que, segundo o julgamento dos critérios externos, eu não esteja tão bem assim.

6
Do que adoece a alma? O que é salutar para a alma?

A alma adoece quando é magoada pelos outros. Há palavras que ferem a outra pessoa tão profundamente que a alma fica magoada pelo resto da vida. Quando, por exemplo, um pai amaldiçoa sua filha, ou a ridiculariza na sua condição de mulher, isto pode calar tão fundo que a alma fica doente. Ou quando uma criança sempre ouviu só palavras ofensivas, só experimentou rejeição, ameaças, frieza e dureza, então a doença pode ser o único refúgio no qual a alma consegue sobreviver. Lá onde uma pessoa foi muito ferida em criança, formam-se pontos melindrosos. E esses pontos melindrosos são a porta de entrada de novas mágoas. Para que não sejam de novo magoados, é importante reconciliar-se com suas feridas e aceitar-se com seus pontos melindrosos.

Há uma outra razão que nos dispõe à doença. Somos vulneráveis sempre que não estamos em sintonia conosco, quando preferíamos reprimir em nós aspectos que não correspondem às nossas concepções ideais. Quando estamos bem no nosso meio, em sintonia conosco, as outras pessoas não conseguem ferir-nos com tanta facilidade. Ouvimos, sim, palavras ofensivas, mas elas não conseguem penetrar fundo em nós.

Outra coisa que torna a alma doente é quando ela corta dentro de si alguma coisa que não consegue aceitar. Aqui a razão está muitas vezes nas concepções ideais muito elevadas, quando não queremos perceber a nossa realidade concreta. Queremos corresponder ao nosso eu ideal. Mas em nós existem também lados de sombra – como C.G. Jung denomina esses lados não assumidos na vida e desagradáveis. Quanto mais reprimirmos a sombra, mais cedo ela nos tornará doentes. Ela faz a alma ficar doente, mas – como é do conhecimento da medicina psicossomática – a alma doente pode manifestar-se muitas vezes também num corpo doente.

Saudável para a alma é ela saber-se amada e também amar a si própria, com tudo o que há dentro dela. E é saudável quando a alma pode respirar. Muitas pessoas não estão em contato com sua alma. Vivem apenas na superfície. Essa separação de sua alma causa doença. Só quando chegamos ao acesso interior da alma, pode esta reviver e se desenvolver. A alma precisa de alimento. Um deles é o amor, que faz muito bem à alma, mas também precisa de ocupação espiritual. Algumas pessoas adoecem porque não deixam espaço para a alma. A alma precisa de asas, leveza e amplidão. Quem estreita seu espaço tira da alma sua força.

7
Como posso sentir o perdão da culpa?

Vivemos muitas vezes a experiência de só nos perdoar com dificuldade. Quando cometemos um erro que nos é doloroso, nós o trazemos volta e meia à nossa lembrança. Nós ficamos chateados pelo fato de não nos havermos controlado, que fizemos um papel horrível diante de nós mesmos e diante de outras pessoas. Por isso temos necessidade da promessa de Deus de que ele nos aceita incondicionalmente, também com nossas falhas e nossa culpa. Em nós mora um juiz implacável que impede que nós nos perdoemos. A misericórdia de Deus é o fator que nos permite sermos também misericordiosos conosco. Podemos experimentar o perdão de Deus na oração, na meditação, mas também na promessa do perdão como a ouvimos em toda celebração eucarística. Também podemos experimentar o perdão na confissão. Quando trazemos sempre de novo uma culpa à nossa consciência e não conseguimos dar-lhe o perdão, precisamente neste caso a confissão é um grande auxílio para experimentar o perdão. Pois quando me tornei realmente culpado, não basta repetir para mim: Deus é misericordioso. C.G. Jung acha que dentro de nós há uma resistência inconsciente contra o perdão. E essa resistência profundamente enraizada no inconsciente só pode ser superada através de um ritual que atinge os abismos da alma. A confissão é um desses rituais que nos leva a crer no mais profundo de nosso coração que Deus realmente nos perdoou. E essa experiência nos motiva a perdoarmos a nós mesmos.

Mas a experiência do perdão também tem consequências. Jesus nos exorta a perdoarmos as pessoas que nos ofenderam. Portanto, o perdão não é um ato meramente passivo, mas ativo, no qual me liberto da energia negativa que ainda atua em mim através da outra pessoa. O perdão faz bem a mim pessoalmente. Se eu não conseguir perdoar aquele que me ofendeu, continuarei ligado a ele. Será ele que vai determinar meu estado de espírito. Com o perdão, liberto-me do poder da outra pessoa. Sou novamente eu mesmo(a). E como eu também me perdoei, estou em sintonia comigo.

8
Qual a diferença entre consolo e palavras de animação ilusórias?

Consolo tem a ver com fidelidade e fortaleza interior. Estar triste significa tornar-se fraco, perder o chão sob os pés, não ter mais segurança. Quem me consola, coloca-se a meu lado e me ampara. Dessa maneira me dá a possibilidade de encontrar novamente firmeza. Animação ilusória poderia significar o fato de eu dizer à outra pessoa palavras que deveriam consolá-la, mas que passam longe de sua real necessidade. Muitas vezes queremos tapar com palavras o sofrimento do outro. Nós não aguentamos seu sofrimento. Então temos de "camuflá-lo" com palavras. Tais palavras são ilusórias. Não oferecem à outra pessoa consolo, não lhe dão firmeza. Em vez disso, tornam-na agressiva. Ou elas a ferem, porque percebem que o outro se esconde atrás de suas palavras. Pelo fato de alguém não estar disposto a empatizar comigo, inunda-me de palavras. Assim procede, pensando estar me fazendo um bem, mas na verdade sinto que com suas palavras quer manter longe de sua pele o meu sofrimento. Ele prefere inventar, de preferência, uma teoria sobre meu sofrimento do que entrar em empatia comigo.

A palavra latina para consolo é *consolatio*. E dessa palavra brota um outro aspecto significativo. Diz que eu estou com (*cum*) aquele que está sozinho (*solus*). A pessoa entristecida sente-se só e abandonada. Ninguém a compreende. Eu não reivindico para mim compreendê-la, mas dirijo-me a ela em seu isolamento e fico com ela, suportando sua solidão. Fico com ela, mesmo que chore ou seja agressiva, que reclame contra Deus ou me insulte, dizendo que não tenho nenhuma ideia de seu sofrimento. Não é fácil suportar a solidão e padecimento da outra pessoa e estar com ela lá onde ela sofre por causa de si e por causa da vida. Mas só se eu ficar com ela, com meu apoio, posso transformar seu sofrimento. E só então ela se sentirá consolada. Eu não a animei com palavras vãs, mas eu mesmo me transformei em consolo, no *consolator* que está com ela em sua solidão.

9
O que me traz consolo: o tempo, a fé ou a esperança?

Há um ditado assim: "O tempo cura as feridas". Costuma-se dizer isto quando alguém perdeu uma pessoa muito querida. Mas isto não consola realmente. Com o tempo podem crescer também a resignação ou o desespero. E, quando estou triste, de nada adianta alguém dizer: "A tristeza logo vai passar". Agora ela dói. E agora não encontro nenhum caminho para dela me livrar. A fé pode consolar-me numa situação dessas. Contudo, não devo entender erradamente a fé como solução rápida. O sofrimento dói apesar da fé. E a fé não dá uma resposta pronta ao meu sofrimento. Não desfaz a minha dor. Mas na fé sinto que não estou só e abandonado no meu penar. Confio em que Deus está comigo. Naturalmente ouvimos algumas pessoas dizer: "Não sinto Deus em minha tristeza. Ele me abandonou". É uma experiência bem dolorosa sobre a qual não devo refletir de supetão. Mas quando eu a admito, posso crer, na minha dor, que apesar de tudo, estou amparado. Para nós, cristãos, é também uma ajuda um olhar para Jesus na cruz, que também experimentou solidão, abandono e muito sofrimento; sabemos que por ele somos compreendidos em nossa dor. Pois ele bebeu o cálice do sofrimento até a última gota. E a fé me dá a confiança de que em minha dor e tristeza não sou excluído do amor de Deus. Também sou envolvido por seu amor.

A esperança é para mim também um consolo importante. Esperança tem a ver com tempo, com a superação do mero apego às coisas presentes – mas sem negar o presente. Esperança também não significa que no futuro será melhor. Esperança é outra coisa do que expectativa de uma situação determinada. Pois se a situação não se dá assim como eu a imaginei, a esperança estaria quebrada. Diz o filósofo francês Gabriel Marcel – que desenvolveu uma filosofia própria da esperança – que esperança é sempre esperança para mim e para o outro. Quem espera diz: espero que algo mude em mim e que eu possa lidar melhor com o sofrimento. E eu espero que sua tristeza se transforme e que você entre em contato com a força dentro de você. A esperança é paciente. Ela tem tempo. Há sempre pessoas perto de mim que não estão passando muito bem, que "vão levando". A esperança confia em que superem esta crise. Na esperança, eu não abandono a outra pessoa. Confio que ela vá encontrar seu caminho. E eu posso esperar com paciência até que a outra pessoa entre de novo em contato com sua força interior.

São Paulo junta esperança e paciência: "Se esperamos o que não vemos, é com paciência que esperamos" (Rm 8,25). Nessa frase aparece ainda outro aspecto da esperança. Ela tem sempre a ver com o invisível. Temos esperança naquilo que não vemos, diz São Paulo na Epístola aos Romanos (8,24). Não vejo em mim nenhuma transformação ainda do sofrimento ou da tristeza. Mas eu espero naquilo que em mim ainda não é visível ou experienciável, na fé, na salvação, na força interior em mim, em Deus, que também não vejo, mas que apesar disso está a meu lado. Não vejo na outra pessoa que o bem já se tenha desenvolvido nela. Só vejo sua crise, suas fraquezas. No entanto, confio naquilo que ainda não vejo. E, acreditando nisso, cresce o escondido na outra pessoa. Esperar significa: apostar no invisível e confiar que ele ficará mais forte do que aquilo que agora me cai sob os olhos.

"O desejo de justiça não elimina a esperança": assim se expressou em forma poética Hilde Domin. Mesmo que possa haver resignação, a esperança não acaba: "A fé que eu mais amo, diz Deus, é a esperança". O pensador e literato Charles Péguy formulou maravilhosamente nesta frase a força da esperança.

10
Preciso viver más experiências para amadurecer?

Para amadurecer não é necessário ter más experiências. Toda pessoa que vive conscientemente, que percebe aquilo que está em seu interior, que se entende com as possibilidades dentro dela e que as desenvolve, essa pessoa amadurece. Não precisamos, pois, do sofrimento para amadurecer. Mas existe o perigo de que a pessoa que sempre tem êxito fique parada. Ela acha que já tem tudo o que as pessoas desejariam e que portanto já é perfeita. Mas quem fica parado deixa de amadurecer. Parar é, antes, um retroceder. Naturalmente precisamos sempre parar, ficar na quietude e escutar o nosso interior para saber onde estamos. Contudo, os sábios de todos os povos consideraram a vida humana como um caminho. E no caminho é preciso sempre andar para frente. C.G. Jung disse que quem não está disposto a mudar vai acabar paralítico. E acha que uma vida cheia de sucessos é o pior inimigo da transformação e mudança. Isto não pode ser aceito assim de modo geral. Existem pessoas bem sucedidas que, apesar disso, progridem interiormente e continuam evoluindo porque não se satisfazem com o que vivem no momento. Não querem sempre maiores êxitos, mas desejam ser autenticamente pessoas. Elas se posicionam diante de tudo que existe dentro delas.

Quando ficamos preguiçosos em nosso caminho interior ou ficamos parados de vez, um sofrimento ou uma desilusão podem acordar-nos. Mas quem vive sempre acordado não precisa necessariamente do sofrimento. Quando o sofrimento vem, ele o toma como advertência para repensar sua vida e rever os critérios. Mas, de resto, está sempre em movimento. Quando São Bento exige do monge que procure Deus durante sua vida toda, ele o faz porque está convencido de que nessa procura a pessoa permanece viva. Ela não se contenta em viver piedosamente, rezar todo dia e cumprir suas obrigações. Ela se põe sempre à procura do Deus incompreensível. Procurar Deus significa também procurar nossa verdadeira pessoa, estar atento àquilo que nos realiza interiormente. Quem procura durante sua vida toda amadurece, quer seja atingido pelo sofrimento, quer dele seja poupado. Mas quando é confrontado com o sofrimento pessoal, tenta aceitá-lo e nele crescer.

11
O amadurecimento tem algum objetivo na vida humana?

Se tomarmos a imagem da fruta madura, entenderemos por amadurecimento que se pode comer e apreciar tal fruta. A pessoa madura é também alguém que se pode apreciar, que alimenta e alegra as outras pessoas. A fruta amadurece para cumprir sua finalidade. O mesmo podemos dizer da pessoa: que ela amadurece para sua verdadeira natureza, na imagem que Deus intencionou para o ser humano e que corresponde a seu âmago mais profundo. Toda pessoa deve desenvolver o que está dentro dela. Deve amadurecer sempre mais na imagem única e específica que Deus fez dela para si. Ou deve tornar audível neste mundo a palavra única que Deus falou sobre ela e para ela.

A questão é como reconhecer esta imagem ou palavra única. Para mim, um caminho está em reconhecer minha verdadeira natureza, ficar silencioso e escutar meu interior: Isto concorda comigo? Estou afinado? Estou em consonância com o meu íntimo? Ou tenho a impressão de estar vivendo superficialmente, que persigo expectativas externas, ou que dou ouvidos às expectativas de minha ambição? Quando no silêncio estou totalmente em paz comigo, quando me sinto vivo, livre e cheio de amor, posso partir da suposição de que estou em contato com a verdadeira imagem que existe dentro de mim. Mas isto não quer dizer que fique parado. Quero chegar mais perto ainda dessa imagem. Quero tornar-me permeável à minha verdadeira natureza. Mas, em última análise, só chegarei à minha verdadeira imagem se me tiver tornado permeável a Deus, quando meu ego parar de dissimular ou obscurecer a minha imagem original e autêntica. Faz parte do amadurecimento, pois, que me liberte sempre mais do domínio do ego e me aproxime cada vez mais do meu verdadeiro si-mesmo.

Quem amadurece assim vai nutrir as demais pessoas. Elas podem alimentar-se dele. Procuram estar perto dele, conversam com ele e sentem-se compreendidas e encorajadas em seu caminho próprio e pessoal. Sentem que estão diante de alguém maduro, de cuja maturidade e sabedoria podem desfrutar.

VII

O que posso esperar? Tudo será bom?

1
Este mundo é um lugar bom?

Cada pessoa tem experiências em sua vida que ela sente como problemáticas e difíceis – não é diferente o caso de quem tem fé daquele que não vê sentido em nada. Mas quem tem fé está fundamentalmente convencido: o mundo foi criado por Deus e é o lugar onde Deus nos colocou. E sob este aspecto é um bom lugar. Um lugar em que devo me afirmar e desenvolver e também um lugar que devo construir no sentido de Deus. Mas sempre depende de como eu entendo o mundo.

A Bíblia fala no Antigo Testamento do mundo como a boa criação de Deus e como o mundo dos seres humanos que Deus mantém em suas mãos e que também transformará em seu mundo definitivo. Mas fala também que o mundo está corrompido, que nele ocorre o pecado, que existem ódio e discórdia. Na visão do pessimista Coélet, o mundo se movimenta num círculo vicioso de ilusões e fadigas. Os profetas vêem o mundo em sua corrupção. Mas anunciam ao mesmo tempo um mundo que Deus renova, um mundo cheio de justiça e de paz.

Também no Novo Testamento encontramos os dois pontos de vista. Paulo e João entendem o mundo de forma mais negativa. Para João, o mundo recusou a fé em Jesus. É, portanto, um mundo que permanece escuro, sem luz. Ele fala "deste" mundo que se fechou para Deus. Mas contra este mundo fechado, a fé vai construir um mundo que Deus governa e ilumina, no qual o amor de Deus tudo penetra. Para Paulo, o mundo é, sobretudo, marcado pelo pecado. E é só um mundo provisório, que Cristo deve suportar, até que ele faça surgir um novo mundo. O mundo é o lugar em que vivemos. Nele reconhecemos a beleza da criação. Mas o mundo é ao mesmo tempo o lugar em que nos devemos afirmar. Devemos viver no mundo, sem contudo nos deixar dominar por ele. Vivemos no mundo como pessoas que têm sua verdadeira origem em Deus e por isso constroem e conformam o mundo de tal modo que se torne digno para a vida de todos. Nós temos responsabilidade por este mundo. Não podemos explorá-lo irresponsavelmente, mas conservá-lo e cuidar dele, para que as gerações futuras ainda possam viver bem nele.

Se o mundo é um bom lugar, isto é uma pergunta que deve ser feita a nós mesmos, pois se ele será um bom lugar para os nossos descendentes, depende muito de como vamos deixá-lo para eles.

2
Meu tempo limitado de vida e a eternidade: estão relacionados entre si?

Meu tempo limitado já está sempre relacionado com a eternidade, mas não no sentido de que, após o tempo limitado, venha a eternidade sem fim. Não devemos entender a eternidade como duração ilimitada de tempo. Já o filósofo cristão Boécio, por volta do ano 500, definiu a eternidade como "a posse perfeita, total e simultânea de uma vida interminável". A eternidade é, pois, uma qualidade bem determinada do tempo. Às vezes temos a sensação de que o tempo parou. Quando contemplo um pôr do sol e estou embevecido, não presto atenção ao tempo, estou apenas e totalmente no instante atual. E nesse instante, o tempo para, tempo e eternidade coincidem.

Jesus fala no Evangelho de João sempre da Vida Eterna: quem crê em Jesus tem a vida eterna. Em primeiro lugar, a vida eterna não é a vida após a morte, mas uma qualidade específica de vida. Vivemos constantemente a experiência de que o tempo voa, de que é frágil, de que não podemos segurá-lo. Vida Eterna é uma vida no tempo, mas sobre o tempo, que não é passageira nem frágil, mas constante e duradoura. Em nossa vida como pessoa não podemos confinar a eternidade. Mas naquele momento em que estamos em total contemplação, em que tempo e eternidade coincidem, temos a premonição de algo duradouro, estável, eterno, que não desmorona jamais. Nesse momento entendemos o que é eternidade. E nesses momentos, sentimos também uma ligação íntima entre nosso tempo limitado de vida e a eternidade. Em nosso tempo limitado penetra sempre a eternidade. Ali tocamos em algo que ultrapassa o tempo e que não está submetido à sua efemeridade. Aquilo que só pressentimos naquelas experiências tornar-se-á realidade para sempre após a morte. Em seu *Peregrino querubínico*, Ângelo Silésio expressou isto assim:

> Quando me dissolvo em Deus, chego novamente lá
> Onde estive desde a eternidade antes de mim.

Não será um tempo enfadonho, apenas prolongado ao infinito. Será, bem mais, o tempo abolido pela eternidade.

3
O que significa "tempo repleto" ou "vida repleta"?

Falamos de tempo cheio, quando temos o bastante para fazer e fazemos algo importante. O tempo está *cheio* quando está tomado por boas conversas, quando temos um trabalho que dá satisfação, quando nossa vida vem pautada de sucessos e prazeres. Os psicólogos falam então do *flow*, do fluir, em que esquecemos o tempo regrado. Falamos de uma vida cheia quando ela é rica em bons encontros, quando tudo o que fazemos tem um sentido em si e também é útil e salutar para outras pessoas. Neste sentido, pessoas idosas falam que olham retrospectivamente para uma vida realizada e são agradecidas pelo que viveram e fizeram.

Na Bíblia encontramos outro sentido do tempo que se completou. Jesus começa sua pregação com as palavras: "Completou-se o tempo, e o tempo de Deus está próximo" (Mc 1,15). O tempo está completo, porque Deus mesmo está nele, porque Deus chegou perto do homem. Quando Deus manda em mim, estou livre da pressão do tempo, meu tempo está cheio. Ele está cheio de Deus.

Os místicos refletiram sobre esse conceito da completação do tempo. Para o Mestre Eckhart, o tempo se completou pela encarnação de Deus. O tempo é o lugar onde Deus se torna um com o ser humano. Quando nós nos tornamos um com Deus eterno, o tempo se completa. Santo Agostinho aproveita o que Paulo falou a respeito da plenitude do tempo: "Quando chegou a plenitude do tempo, apareceu também ele que nos quis libertar do tempo. Pois, libertos do tempo, devemos chegar àquela eternidade onde não há tempo". Para Paulo, a plenitude do tempo consiste em que Deus enviou seu Filho ao mundo (Gl 4,4). Em Jesus, Deus e homem são uma coisa só, tempo e eternidade. Se estivermos em Cristo, temos parte em Deus e em sua plenitude, em sua eternidade.

A questão é como interpretar essas afirmações de Jesus e dos místicos sobre o tempo pleno. Para Jesus, o tempo se completou quando Deus reina em nós. Isto significa: tempo plenificado está presente quando não sou determinado por pessoas ou prazos, mas quando sou totalmente livre, quando sou totalmente eu mesmo(a). O Reino de Deus significa no pensar de Jesus: eu vivo em plena consonância com Deus e também com minha própria natureza. Não sou determinado(a) a partir de fora. Não me deixo pressionar pelo tempo. O tempo me foi dado e dado por Deus. Para Santo Agostinho, o tempo plenificado tem a ver com o fato de nós experimentarmos no tempo a eternidade. Cada um de nós já teve a experiência de que o tempo parou para ele. Contemplou um belíssimo pôr de sol, encontrou uma pessoa que o fascinou de tal forma que esqueceu o tempo. Nesse momento, coincidem tempo e eternidade, não domina *cronos*, o devorador do tempo, mas o *kairós*, tempo agradável, tempo da graça, tempo em que a presença de Deus me possibilita estar totalmente no momento atual. Nesses momentos, sinto-me um comigo e com tudo o que existe. Isto é realmente plenitude do tempo.

4

Tédio é uma característica de nosso tempo. Como pode a sensação do vazio transformar-se em tempo pleno?

A palavra tédio significa um tempo longo que não passa. Torna-se tédio porque nada acontece. Por trás disso há uma falsa ideia de eternidade. Entende-se como tempo sem fim. E um tempo que me parece sem fim torna-se tédio. Mas eternidade significa o momento em que tempo e eternidade coincidem, no qual estou totalmente no instante atual, totalmente comigo. Quando estou bem presente, o tempo não me é tedioso.

Sente tédio quem não está em contato consigo. Espera receber sua vitalidade daquilo que encontra no tempo. Depende de acontecimentos externos. Quando não acontece nada de espetacular, sente o tempo como tedioso. E, em última análise, sente a si mesmo tedioso. Sente-se sem vida. E assim é incapaz de encher o tempo com vida.

Cada um de nós vai sentir momentos de tédio. Isto não deveria causar-nos admiração, mas deveríamos entender essa experiência como estímulo para refletir sobre nós e nossa vitalidade. Como eu mesmo(a) me sinto? Sinto-me vivo(a) apenas quando muita coisa "está no ar", quando acontece sempre algo interessante? Ou sinto a vida também dentro de mim? O tédio é um convite para estar agora no momento atual, para sentir a mim mesmo(a), sentir o ser ao meu redor, perceber o tempo como mistério. Então o tédio se tornará um bom tempo de espera no qual gosto de estar, porque este instante já contém tudo o que preciso para a vida.

5

O medo da velhice aumenta em nossa sociedade. Como posso enfrentar esse medo?

Muitas pessoas procuram fugir do medo da velhice – do medo da solidão, da fraqueza e do abandono – ocupando-se o maior tempo possível com muitas coisas interessantes, provando a si mesmas que ainda possuem bastante força interior. Mas o medo não se deixa vencer pelas diversões. Ele é um estímulo para eu refletir não só sobre minha velhice, mas sobre a condição humana em geral. O que constitui o meu valor? Só tenho valor quando os outros me consideram jovem e dinâmico? A velhice não tem valores diferentes como sabedoria, serenidade, benevolência? O medo me convida a rever os critérios pelos quais avalio minha vida. Talvez o medo da velhice me confronte com a suposição básica: "Tenho valor só quando produzo alguma coisa, ou quando sou utilizado". Ao formular isto, percebo que esta não pode ser a verdade. O medo me força a desenvolver suposições básicas mais humanas, com as quais posso viver melhor e também envelhecer melhor. Convida-me, outrossim, a reconciliar-me com o fato de que ficarei mais fraco, dependerei da ajuda de outras pessoas e não poderei fazer mais tudo o que gostaria. Uma senhora idosa contou-me que nunca estivera em tanta sintonia consigo como agora, aos 80 anos de idade. É uma indicação de que ela assumiu o medo da velhice e se deixou referir ao mistério de sua vida. Ao me posicionar diante do medo, perceberei o que sustenta de fato a minha vida.

6
O que restará de mim quando eu não mais existir?

Na situação de vida atual, não vamos durar eternamente. Morreremos e, na morte, nosso corpo vai entrar em decomposição. Grandes inteligências de todos os tempos e culturas refletiram sobre o que ficará após a morte. Para o filósofo grego Platão, a alma é imortal. Irá para Deus e viverá eternamente. Os cristãos falam da ressurreição dos mortos. O que está morto ressuscitará para nova vida. A questão é como entender isso. Alguns acham que na morte nós nos fundiremos em Deus como uma gotinha no mar. Não haverá mais pessoa individual. Tudo será uno em Deus e com o cosmos. Contra essa visão apersonalista, o cristianismo afirma que nós chegaremos a Deus como pessoas. A Igreja diz que ressuscitaremos de corpo e alma. O que isto significa? O corpo é o celeiro memorial da alma. Todas as experiências importantes nós as fazemos no corpo. Nele vivenciamos alegria, amor, dor. Se nós formos a Deus de corpo e alma, isto significa que aquilo que constitui nossa pessoa será salvo em Deus. Podemos expressá-lo também de outro modo. O filósofo Gabriel Marcel diz do amor: “Amar significa dizer à outra pessoa: você não morrerá”. No amor está o pressentimento de que ele é eterno, de que não podemos ser excluídos do amor. Isto vale em primeiro lugar no amor de Deus por nós que veio ao nosso encontro em Jesus Cristo. Na morte não seremos excluídos do amor que sempre vivenciamos corporalmente como, por exemplo, quando na comunhão nos tornamos um com ele. Vale também para o amor das pessoas entre si. Em todo amor está o pressentimento de que ele é mais forte do que a morte. E é convicção dos cristãos que nos veremos de novo na morte. Existem cartas de membros da resistência do Terceiro Reich que, antes de sua execução, escreveram a suas mulheres e filhos, cheios de esperança: "Nós nos veremos de novo". Estavam convencidos de que os carrascos, ainda que eliminassem seus corpos, não podiam destruir seu amor. Seu amor sobreviveria à morte. Ela separava apenas corporalmente os que se amavam, mas não podia destruir o amor. E este amor encontrará sua plenitude na eternidade.

Podemos confiar que nosso ser pessoal permanecerá na morte. Contudo, não devemos confundir nosso ser pessoal com o ego. O ego vai desaparecer na morte. Fica só a nossa verdadeira natureza, nosso âmago, nosso si-mesmo. Como isso vai ser de fato, não se pode dizer. Temos de estar cientes de que em tudo o que dizemos sobre a morte e a eternidade, nossas palavras são apenas imagens do indizível e incompreensível.

Em seu livro *A cidade de Deus*, Santo Agostinho ousou uma formulação sobre a vida após a morte: "Lá vamos descansar e ver, ver e amar, amar e louvar. Esta é a essência do fim sem fim. Pois que fim condiz melhor conosco do que chegar ao reino que não tem fim?" Cientes de que a tradição cristã sempre soube que todas as tentativas não são apropriadas para exprimir o que brota para nós de novo no ocaso da morte, podemos pensar e crer, nesta linha que nos dá a tradição cristã, que é o amor que virá ao nosso encontro na morte.

7
É possível em vida preparar-se para uma boa morte?

A morte virá. Não sabemos quando nem onde. Isto vale hoje, como valeu na Idade Média, quando essa verdade simples e clara marcou mais ainda a vida. Naquela época era importante para as pessoas rezar por uma boa hora da morte e preparar-se para uma boa morte. Havia uma espécie de *ars moriendi*, arte de morrer. Havia rituais com os quais se tentava uma boa preparação para a morte no seio da família. Hoje, graças ao progresso da medicina e graças a uma expectativa mais longa de vida, o fim da vida é postergado e adiado. Mas continua sendo verdade: minha morte e a morte de todos virá. E fica também a questão: o que é uma boa morte e uma boa vida diante da certeza da morte?

Não se trata apenas de preparar-se em vida para uma boa morte, mas entender a morte como um estímulo para viver bem. Viver e morrer estão relacionados. Só podemos morrer bem se durante a vida nos treinamos no que significa a morte, no abandono de tudo. Temos de abandonar constantemente algo. Temos de abandonar nossa infância para tornar-nos adultos. Precisamos abandonar nossa força quando ficamos mais velhos para descobrir a riqueza interior de nossa alma. Precisamos abandonar nosso ego, para que algo maior possa crescer em nós. E precisamos abandonar, na morte, nossa vida e tudo aquilo a que nos agarramos para nos tornarmos um com Deus.

Vale também o inverso: olhando para a morte, somos estimulados a viver corretamente, a viver com consciência. A morte fortalece a vida. Mozart chamou a morte de a "chave da felicidade". A lembrança da morte fez vivê-lo bem no presente. E, em sua música, uniu vida e morte, tempo e eternidade. Quando sua música ressoa, pressentimos que ela ressoa para além da morte, para a plenitude dentro de Deus.

Perguntaram certa vez a um Padre monacal do século quarto por que nunca tinha medo. Ele respondeu porque diariamente tinha diante dos olhos a morte. Isto foi para os monges um exercício muito importante. Também São Bento exorta seus monges expressamente a isto. Nesse exercício, não se trata de fugir do momento atual. Ao contrário, o pensamento da morte me leva a viver bem conscientemente o momento atual. Não preciso agarrar-me a esse momento; e o pensamento da morte me convida a desfrutar a vida conscientemente, como algo único. Viverei este instante – aqui e agora – só uma vez. Portanto vou vivê-lo conscientemente. A ideia da morte aumenta, pois, o gosto pela vida. Vou aproveitar todo encontro em seu mistério, pensando que talvez possa ser o último. Digo palavras que talvez jamais dissesse em outra ocasião, porque posso guardá-las sempre para mais tarde. A ideia da morte fortalece e aprofunda a vida. E uma vida vivida tão conscientemente é a melhor preparação para a morte. C.G. Jung acha que precisamente aqueles que nunca viveram plenamente morrem com mais dificuldade. Quem nunca viveu de verdade toma consciência diante da morte de que também não sabe abandonar. A vida não vivida o impede de morrer bem e isto significa: entregar-se confiante nas mãos de Deus. Quem ama a vida não deveria também recalcar a morte.

8
Por que nós, como pessoas livres, não podemos decidir sobre a nossa morte?

Quando o pastor evangélico e compositor de muitos hinos sacros, que até hoje são cantados com prazer em ambas as nossas igrejas, Jochen Klepper, teve que admitir que sua esposa judia seria assassinada pelos nazistas, pôs fim através de veneno à sua vida e à de sua esposa. Isto chocou na época a muitos cristãos. Mas Klepper não viu outra saída para ele. Só podemos respeitar semelhante passo. E quando uma pessoa próxima a nós comete suicídio, não podemos jamais julgar e condenar. Muitas vezes isto ocorre numa depressão. E então a pessoa não é bem livre. Ou pessoas escolhem este caminho porque sentem sua situação como não tendo saída. Podemos crer que este foi o caminho para caírem nas mãos bondosas de Deus. Muitas vezes chegam a mim pais, cujos filhos se suicidaram. Têm sentimentos de culpa por não terem conseguido impedir este gesto de seu filho ou de sua filha, ou se perguntam o que fizeram de errado para a vida de seu filho ter acabado assim. Tento consolar essas pessoas, dizendo que devemos confiar à misericórdia de Deus seu filho ou filha. Devemos apresentar a Deus os sentimentos de culpa, abandoná-los e confiar que o(a) falecido(a) esteja agora na paz de Deus.

Mas quando uma pessoa me pergunta se pode colocar fim à sua vida, só posso responder: não compete a mim tirar minha vida. Não sou senhor da vida e da morte. Eu me entrego a Deus. Sei perfeitamente que a discussão filosófica sobre o suicídio foi sempre muito controversa. Na Grécia, os filósofos Sócrates, Platão e Aristóteles se pronunciaram veementemente contra o suicídio, ao passo que os estoicos e epicureus viam nele um sinal da liberdade humana. A tradição da teologia cristã sempre se manifestou contra o suicídio. Tomás de Aquino apresentou três argumentos contra o suicídio: 1) Só Deus é o senhor da vida e da morte; 2) o suicídio fere o amor a si mesmo(a); 3) o suicídio vai contra a comunidade à qual pertencemos. Psicólogos como Erwin Ringel consideraram o suicídio como ponto final de um desenvolvimento doentio. Como terapeuta, Ringel esforçou-se por introduzir a pessoa na arte de viver e curá-la de autoagressões patológicas.

Sei que é muito difícil responder à questão no caso individual. Mas eu não aconselharia ninguém a colocar um fim à sua vida. Procuro explicar ao doente ou àquele que se sente fracassado que ele pode amadurecer através de sua doença e de seu fracasso, que pode viver experiências de graça e misericórdia, de confiança e de amparo, que através da resistência ao desejo de pôr fim à vida ocorre muitas vezes um processo de reconciliação com outras pessoas. Eu me empenho ao máximo para demover qualquer pessoa do suicídio. Mas respeitarei cada decisão e entregarei à misericórdia de Deus o caminho que eu mesmo não julgo adequado.

Quando escuto uma discussão sobre auxílio ativo à morte ou assistência ao suicídio, sinto que muitas vezes se parte de premissas falsas. Vê-se o sofrimento como vexaminoso. Mas se o sofrimento for considerado assim, a sociedade torna-se cada vez mais brutal. Então os que sofrem têm de esconder-se dos outros ou precaver-se o quanto possível para não se tornarem um peso para os outros e para si mesmos. Não devemos prolongar a vida artificialmente. Quando uma pessoa idosa e doente recusa alimentar-se, não se deve alimentá-la artificialmente. É um direito morrer devagar, quando a alma sente que é chegada a hora. Mas colocar um fim premeditado à sua vida não está em nosso poder. Saltamos, assim, por cima de passos essenciais que poderiam conduzir ao bom desfecho da morte. Percebo nessa discussão muitas vezes um conceito mal interpretado de liberdade. Somos livres quando agimos segundo a nossa natureza, mas não quando decidimos contra nossa constituição interior. Para mim, suicídio é uma decisão contra minha natureza. Concordo que seja difícil decidir em casos particulares, como o de Jochen Klepper ou de algumas mulheres cristãs que, durante as perseguições na Igreja primitiva, se suicidaram antes de serem violentadas, torturadas e assassinadas barbaramente. Por isso jamais julgarei, mas deixarei sempre o julgamento para Deus. Mas quando sou indagado a respeito, digo o que sinto e o que aprendi como sendo próprio da natureza humana e da mensagem cristã.

9

A esperança cristã no sofrimento diante da perspectiva da morte, que sobrevirá a todos, é mais do que promessa vazia?

A esperança cristã não deseja a morte apenas como término do sofrimento. É bem mais uma esperança de que eu não quebre pelo sofrimento, mas seja aberto para Deus. A esperança me faz suportar de outro modo o sofrimento. Tenho esperança que Deus dê um fim ao meu sofrimento, não pela morte, mas pela cura de minha doença, pelo consolo em minha dor, por uma sensação profunda de amor que transforme o sofrimento. É esta esperança que me faz vivenciar de outro modo o sofrimento. Eu não me entrego. Confio em Deus e confio em mim e para mim que o sofrimento me tornará mais maduro e me levará a uma experiência profunda da vida e do mistério de Deus.

A esperança no fim do sofrimento também pode ser referida à morte. Espero que, no mais tardar, o sofrimento termine com a morte. A morte neste caso não é algo apavorante, mas algo que sinto como libertador e realizador. A morte vai libertar-me das dores, do sofrimento meu e daquele que causo aos outros. Virá a paz eterna. Neste sentido, Reinhold Schneider desejou a morte como descanso eterno, um estado em que finalmente pudesse repousar de sua insônia, em que ficasse livre de suas dúvidas e cismas, livre de suas dores que não cessavam. E, nesse sentido, existe também um desejo cristão da morte.

Mas o desejo cristão da morte não tem nada a ver com necrofilia. Erich Fromm descreve essa atitude. Necrofilia significa: amor ao que está morto, à decomposição, ao cadavérico. Ela se expressa como fascínio pelo que não tem vida, morto, destruído, objetificado, insensível. Erich Fromm acha que a necrofilia enfraquece o amor pelo que está vivo e, com isso, representa uma ameaça para a pessoa saudável. Poderíamos ver essa necrofilia também na morbidez de algumas pessoas por filmes de horror, onde há muitos mortos. Contra a ameaça do fascínio pela morte, que hoje em dia se observa em sempre mais pessoas, o Papa João Paulo II enfatizou uma cultura da vida, que não exclui a morte, mas a integra. Trata-se de a gente se entender conscientemente com a morte, integrá-la em nossa vida e não repudiá-la.

Numa cultura humana da morte, vamos encontrar as duas posturas: o medo da morte e o desejo da morte. Tenho de tomar uma posição frente a ambas. O medo da morte deve ser um convite a familiarizar-me com a morte. E quanto ao desejo da morte, devo perguntar se ele se baseia no fato de que não quero ou não posso mais viver, ou se me acena com a felicidade que me espera em Deus. Quando sei que na morte me espera vida eterna, felicidade, paz e plenitude, o sofrimento se relativiza aqui. E posso, em meio ao sofrimento, desejar a morte como libertação de todo sofrimento. O desejo não será então fuga do sofrimento. Ele pode ajudar-me até a suportar melhor o sofrimento. Isto não é uma promessa vazia, mas verdadeiro consolo e firmeza. Porque não me defino a partir do sofrimento, mas daquilo que me dá forças, e daquele que me tem em suas mãos bondosas no sofrimento e na morte.

10
Existe vida após a morte?

Em toda a humanidade sempre existiu a pergunta sobre o além da morte. Em todas as tradições religiosas acredita-se que com a morte não está tudo acabado. Mas se procurarmos respostas concretas, constatamos que elas são muito divergentes, tão diferentes quanto as ideias de uma vida após a morte. Em algumas religiões existe a ideia da reencarnação, do renascimento. Contudo, é bom considerar exatamente o que essas religiões entendem por isso e a que perguntas e problemas querem responder com este modelo. No cristianismo, judaísmo e islamismo persiste a ideia de que na morte vamos a Deus, ao paraíso ou ao céu, caso nos tenhamos decidido por Deus na morte.

A concepção de "vida após a morte" é desconcertante se pensarmos que, após a morte, a vida simplesmente continua. Mas ela não continua como era até aqui. A vida que temos aqui acaba com a morte. O mundo acaba para cada um na morte. Mas a fé cristã promete: na morte não somos dissolvidos no nada ou destruídos, mas chegamos a Deus e nele entraremos. E nele viveremos eternamente. Porém, aqui é preciso esclarecer novamente o que se entende por "eterno". A eternidade não é uma longa duração sem fim. Na morte chegamos a um estado para além do espaço e do tempo. Não podemos imaginar concretamente esse estado. E nada podemos dizer sobre ele, da maneira como fazemos afirmações sobre períodos de tempo em nossa vida diária. Conscientes do sentido figurativo de nossa linguagem, podemos dizer: existe uma vida após a morte. Com a morte não acaba tudo. Somos salvos para sempre em Deus. Como pessoa, haveremos de experimentar na morte a realização de nosso desejo. Tudo o que havíamos desejado, nós o desfrutaremos em plenitude em Deus na morte e após a morte.

Grandes luminares da história humana responderam de modo diferente à pergunta sobre a vida depois da morte. Alguns acham que continuaremos a viver em nossos pensamentos. Outros falam dos filhos que continuam nossa vida. A fé cristã diz: nós viveremos de maneira nova. Só então realizaremos aquilo que aqui chamamos de “vida”. A vida que aqui vivemos é apenas um prenúncio da vida eterna onde tudo será unido: Deus e ser humano, ser humano e criação e os seres humanos entre si.

Quando digo: nós cristãos cremos que na morte entraremos em Deus e na vida eterna junto a ele, com ele e nele, isto soa bem fácil. Como entender isto? E de onde tiro a certeza para fazer essa afirmação? Em primeiro lugar, na morte entraremos no escuro, no incerto. Muitas pessoas têm medo da morte porque então já não podem planejar a vida. Não têm nada na mão. Tudo lhes é tirado da mão. Este é o momento da morte em que paramos de viver, de respirar, de pensar. É a perda do controle que a muitos intimida. Mas então – assim acreditamos nós – caímos não no escuro, mas no amor de Deus.

Encontramos muitos relatos das chamadas experiências imediatas de morte. Existem em todas as culturas e tempos, também hoje em dia. Pessoas em processo de morte, clinicamente mortas e que voltaram a viver, contam por exemplo que sua alma se havia separado do corpo, que entendiam tudo o que se dizia perto delas. E então a alma passou por um túnel escuro e chegou a uma grande, brilhante e agradável luz, que estava cheia de amor. Muitas vezes narram que a seu encontro vieram parentes falecidos. Naturalmente esses relatos não dizem nada sobre a morte nem são prova daquilo que realmente nos espera na morte. Mas podem servir como imagem de uma experiência e reforço daquilo que cremos.

Do ponto de vista psicológico, C.G. Jung achava que era sadio para a psique da pessoa acreditar numa vida após a morte. Pois quando alguém acha que com a morte tudo acaba, vai agarrar-se freneticamente à vida. Ver na morte uma meta faz com que abandonemos nossas ideias fixas de vida e vivamos mais serena e maduramente. Jung diz que é "neurótico não considerar a morte como uma meta". "Parece, pois, corresponder mais à psique geral da humanidade quando consideramos a morte como realização final da vida e como uma autêntica meta em vez de um mero acabar sem sentido".

Mas também essa concepção psicológica não é uma prova cabal daquilo que nos espera na morte. Muitos entendimentos apontam para o fato de que parece sensato acreditar numa vida após a morte. Quanto à pergunta sobre o "saber certo e seguro" só fica a resposta: em última análise, fica o salto para a fé, que não é um salto contra a razão, mas que toma o pensar da razão como partida e então salta para mais além.

11
Para onde vamos ao morrer?

A tradição cristã recomendou três imagens como meditação para entender aonde vamos na morte. A primeira imagem é a da morada. Jesus disse antes de sua morte: "Eu vou para preparar-vos uma morada" (Jo 14,2). Nós iremos morrer para a morada eterna. E essa morada, Jesus no-la preparou. Mas podemos confiar também que as pessoas queridas, que morreram antes de nós, preparam essa morada para nós. Cada pessoa que morre leva consigo alguma coisa de nós. Aquilo que partilhamos com ela em amor, alegria, tempo, isto ela leva consigo. E enfeitará com isso a morada para a qual morremos. Não morremos, portanto, para dentro do escuro e desconhecido, mas para dentro de uma morada preparada com amor, na qual estaremos para sempre bem acolhidos.

A segunda imagem é a da *Pietà*. Maria segura no colo Jesus morto. Essa imagem foi criada por volta do século XIII e XIV, portanto na época em que grassava a peste na Europa. Era uma imagem de conforto para as pessoas em seu medo da morte. Maria com Jesus morto no colo queria dizer-lhes: você não vai morrer para dentro da frialdade escura, mas para dentro dos braços maternos de Deus. Ele vai tomar você tão amorosa e carinhosamente em suas mãos como Maria abraça e segura seu filho morto.

A terceira imagem refere-se à parábola do pobre Lázaro, a quem os anjos levaram ao seio de Abraão após sua morte (cf. Lc 16,22). A liturgia utiliza essa imagem. Quando levamos o caixão de um confrade, após o Requiem da igreja para o cemitério, cantamos o hino muito antigo: *In paradisum deducant te angeli* (os anjos te conduzam ao paraíso). É uma imagem consoladora que a liturgia nos apresenta: ninguém morre sozinho. Cada qual tem junto a si o seu anjo que o conduz através da soleira da morte até Deus.

Essas três imagens têm no fundo o mesmo conteúdo: nós haveremos de morrer para dentro do amor de Deus, que nos espera, transforma e plenifica, que nos assume para dentro da união com ele.

12
O que motiva a esperança de que o amor é mais forte do que a morte?

Em primeiro lugar podemos constatar: nas pessoas de todas as religiões e culturas está presente esta esperança de que o amor é mais forte do que a morte. No *Cântico dos Cânticos*, do Antigo Testamento está: "É forte o amor como a morte, e a paixão é implacável como a sepultura" (Ct 8,6). Poderíamos dizer que essa esperança é uma ajuda emocional para as pessoas. Com ela podem manter-se firmes em seu amor. Mas se a esperança é um simples truque para as pessoas poderem amar, isto seria muito pouco. É uma questão de decisão pessoal se confiamos em nossa esperança, ou se a consideramos apenas como truque psicológico da natureza. Na esperança está, no mínimo, a confiança de que ela não cai no vazio mas que corresponde à realidade. Mas provar isto não é possível. É assunto de fé. Eu posso e devo "saltar" para dentro da fé. Eu posso arriscar a "aposta". Eu posso decidir-me por esta carta da esperança. A alternativa seria permanecer cético. Mas se me decidir por essa última atitude, tudo será absurdo em nosso mundo. Não podemos mais confiar em nenhum sentimento e em nenhum conhecimento, nem na fé, nem na esperança e nem na ciência. Pois também a ciência só apresenta hipóteses. E quanto às questões existenciais, não consegue oferecer nenhuma certeza.

Naturalmente é concebível a alternativa: não é o amor, mas o tácito absurdo que é a última realidade. Mas quando reflito em profundidade nesta alternativa, com todas as consequências, surge em mim um sentimento de que assim não é possível. Ou, no mínimo, posso dizer para mim: “Neste mundo em que tudo afinal é absurdo, não quero viver. Eu me decido por outro mundo, por um mundo em que a realidade definitiva seja o amor”. Se esta decisão corresponde à verdade, eu o experimentarei continuamente em minha vida. Eu vivo com esta decisão e me observo como vou indo com ela. Tenho a impressão de que vou melhor do que com a decisão contrária. Mas nesse caminho de experiências terei sempre a confirmação de que o experimento da realidade será legítimo. Quando em meio à minha solidão, em minha tristeza, em meu desespero, sentir no fundo de minha alma uma fonte de amor, então sei: isto está certo. O amor é o fundamento último de minha vida, o fundamento sobre o qual posso repousar. É, em última análise, um fundamento divino. Não é apenas o sentimento de meu amor, mas o amor como qualidade do ser, o amor como qualidade divina. Ou quando uma palavra de Jesus me atinge tão profundamente que eu sinto: essa palavra de amor se grava agora dentro de mim. Cristo, que venceu a morte, diz agora essa palavra de amor para mim. E ele me saudará na morte com a mesma palavra de amor. Essas experiências que faço nesta vida podem fortalecer minha fé de que o amor é mais forte do que a morte também para além desta vida.

13
Existe um relacionamento entre os vivos e os mortos?

A tradição católica fala da comunhão dos santos. Diz esta tradição: quando celebramos a liturgia, não o fazemos sozinhos, mas em união com todos os anjos e santos. Temos parte na liturgia celeste onde os anjos e santos cantam sem cessar a glória de Deus. Na Eucaristia comemoramos uma ceia em que céu e terra se unem, em que são abolidos os limites entre os vivos e os mortos. Nós celebramos aqui a ceia sagrada, enquanto no céu se festeja a eterna ceia nupcial. Se a liturgia vê a realidade assim, podemos partir da suposição de que há um relacionamento entre os vivos e os mortos. Sentimos nele a comunhão com todos que nos precederam na fé e que agora cantam o louvor de Deus em sua glória.

Podemos ainda considerar neste contexto outro aspecto a partir da piedade cristã: pedimos aos santos que intercedam por nós. O que dizemos dos santos vale para todas as pessoas que morreram na fé e que agora estão em Deus. Podemos rogar a elas que intercedam por nós, que nos acompanhem interiormente em nosso caminho. Muitas pessoas sentem esse acompanhamento como bem real. Um confrade contou-me um caso de sua mãe que durante a guerra voltou a entrar de noite na casa que havia sido bombardeada para pegar alguma coisa. De repente escutou a voz de seu falecido marido para que ficasse parada. Acendeu então na casa escura um fósforo e viu que estava diante de uma cratera enorme. Diante dela havia só ruínas. A voz de seu marido a havia preservado da morte certa. Tais experiências dramáticas são certamente exceção. Mas às vezes pessoas falecidas nos encontram no sonho. Quando sonhamos que elas estão presentes e sorriem afirmativamente, podemos interpretar isto como sinal de que concordam com nossa vida e lhe dão suporte. E quando nos dizem uma palavra da qual nos lembramos ainda depois de acordados, podemos ser gratos por esta indicação do caminho. Algumas pessoas sentem os falecidos como companheiros interiores da caminhada. Dão sinais de seu cuidado e proximidade. Ou eles as capacitam a alguma coisa que não conseguiriam realizar por si sós. Contou-me certa mãe que teve cinco natimortos, que para ela eram anjos, que lhe davam forças e sensibilidade para se dedicar a crianças problemáticas e acompanhá-las.

Com toda deferência por esses relacionamentos, não podemos usar os mortos como “médiuns”, como alguns o fazem. Os mortos não escutam nossas evocações. O que se manifesta nos métodos discutíveis do *channeling* é em grande parte autoilusão porque provém do inconsciente da pessoa e não dos mortos. Numa prática mágica torno disponível para mim – evidentemente só na aparência – o que na verdade é indisponível. Se há experiências de relacionamento com mortos, manifesta-se nelas sempre essas duas coisas: a relação e a indisponibilidade.

14
Existe renascimento?

Jesus fala do renascimento no espírito. Como cristãos, renascemos no Espírito Santo. O batismo é, assim, um renascimento no Espírito Santo. Hoje em dia, muitas pessoas ligam ao renascimento a ideia da reencarnação: uma pessoa falecida renascerá, após sua morte, em nova pessoa ou num animal. Constatamos que algumas religiões, sobretudo no ambiente cultural asiático, professam a crença na reencarnação. Mas temos de analisar bem o que entendem de fato por isso. No budismo não se trata de um renascimento numa figura concreta, mas é o carma da pessoa falecida que atinge o útero da mãe. Poderíamos explicar isto hoje psicologicamente assim: que as pessoas falecidas têm uma influência sobre os pósteros. No budismo, o objetivo úlimo do ser humano é chegar ao nirvana, ao lugar da pura felicidade, que nós chamamos de céu. O renascimento é aqui uma maldição que atinge aquelas pessoas que não trilharam de forma correta e adequada o caminho espiritual da transformação. No Ocidente, vinculamos muitas vezes a ideia budista do renascimento com nossa concepção de eficácia. Pensa-se que o ser humano não consegue viver plenamente suas capacidades em uma só vida. Por isso deve renascer. No hinduísmo, o renascimento, ensinado nos Escritos Sagrados, é entendido como explicação da desigualdade entre as pessoas e fortemente ligado à ideia da purificação. Para chegar a Deus precisamos antes nos purificar. E isto não acontece numa vida só.

A resposta cristã às perguntas existenciais que todas as religiões se colocam é uma resposta sua própria. Ela soa assim: não há renascimento após a morte no sentido de uma repetição da vida. Só falamos do renascimento no batismo, que recebemos aqui, ou do renascimento na morte, onde renascemos em Deus. Cremos que nossa vida é única e singular. Por isso devemos levá-la a sério e vivê-la conscientemente. Cremos que não somos capazes de nos purificar plenamente e que também não o precisamos, mas que Deus nos purifica no momento da morte por seu amor, para que possamos estar em união com ele. Estamos livres de um pensamento perfeccionista de eficácia que exige que desenvolvamos ao máximo todas as nossas capacidades. Devemos fazer em nossa vida o que podemos. Devemos aproveitar bem a vida. Mas podemos crer também que é Deus que nos leva à perfeição. Tudo o que podemos fazer de nós é insignificante em comparação com aquilo que ele pode formar de nós.

15
No fim, a grande prestação de contas virá como juízo ou tudo ficará bem?

Quando a Bíblia fala do juízo final, não podemos simplesmente rejeitar estas ideias ou considerá-las superadas. A questão é como entender essas afirmações bíblicas. Na morte, vamos encontrar Deus, e na verdade o Deus de amor. Mas no encontro do amor de Deus, iremos encontrar também a nós mesmos e olhar nos olhos de nossa própria verdade. E é isto que a Bíblia quer dizer com o juízo. Não podemos imaginar o juízo como algo de aparato externo, como se Deus colocasse na balança nossas boas e más ações e nós, quando a balança pendesse para o lado mau, seríamos condenados eternamente. Essas são imagens humanas e representações externas que se projetam sobre Deus. O juízo significa que não podemos chegar até Deus sem a nossa verdade. O filósofo Max Horkheimer, com fortes raízes na tradição judaica, acha que é um desejo primitivo do ser humano que os criminosos não triunfem sobre suas vítimas. O desejo de justiça está fundo em nós. E não podemos saltar por cima desse desejo. Mas devemos livrar esse desejo de justiça da ideia de vingança. Nós encontraremos na morte perante Deus nossa própria verdade. Mas, se nos entregarmos ao amor de Deus, seremos salvos. Só quando não acreditamos no amor seremos julgados. Não é Deus que nos julga, mas nós mesmos nos condenamos. Abandonamos em nós a esperança de sermos aceitos pelo amor de Deus.

A ideia do juízo deve ser entendida assim: eu encontro Deus em seu amor. E eu posso confiar que ele me orienta totalmente para si. Só quando eu me fecho a esta orientação, eu mesmo(a) me excluo da vida. Não posso simplesmente dizer que no fim tudo ficará bem. Isto seria simples demais. Mas posso esperar que nenhuma pessoa vai excluir-se definitivamente do amor de Deus. Espero também que aquela pessoa desesperada consigo mesma, que fez o mal a outras pessoas e com isso prejudicou a si mesma siga, em vista do amor de Deus, seu mais profundo desejo de amor e se entregue a Deus. Certeza disso não tenho. Mas ter esperança disso é cristão.

16
Onde encontrar a esperança de que tudo não é em vão?

Eu mesmo encontro esta esperança, em última análise, só em Deus. Quando não sinto nenhuma esperança, tento com que as palavras dos profetas, sobretudo as de Isaías, penetrem em minha alma e nelas medito. Na verdade, percebo também a dúvida nessas palavras: bonito demais para ser verdade. Mas existe em mim um pressentimento de que posso confiar nela, de que nem tudo é em vão. Uma palavra de esperança assim é a do profeta Isaías: "Não tenhas medo, pois eu te resgatei, chamei-te pelo nome, tu és meu! Se tiveres de passar pela água, estarei a teu lado, se tiveres de varar rios, eles não te submergirão. Se andares pelo fogo, não serás chamuscado, e as labaredas não te queimarão" (Is 43,1s.). Nessas palavras de conforto não se exclui o negativo da vida. Às vezes vão submergir-me as águas de meu inconsciente. Às vezes pode surgir a sensação de estar na água até o pescoço com meu trabalho ou com minha empresa. E às vezes tenho a impressão de estar no fogo da inveja ou do ódio das outras pessoas e nele me queimar. Então essas palavras fortalecem minha esperança de que no fundo nada me pode acontecer que realmente me vá prejudicar ou destruir.

Outra palavra de esperança é para mim a promessa de Jesus a seus discípulos no final do Evangelho de Mateus: "Estai certos: estarei convosco todos os dias até o fim do mundo" (Mt 28,20). Não estou só em meu caminho. Jesus vai comigo, ele que andou pelo caminho da escuridão e conhece todo abandono, fraqueza e desespero. Não há lugar em que eu esteja totalmente só e abandonado. Isto me dá esperança de não me abandonar a mim mesmo(a) e não me entregar, mas ficar comigo. Eu posso ficar comigo, porque ele suporta tudo comigo e fica comigo.

17
Qual é o meu objetivo último na vida?

O objetivo da minha vida é que meu ego cesse de dissimular a imagem primitiva e autêntica de Deus em mim e que eu me torne sempre mais permeável a seu espírito. Confio que minha vida se torne bênção para outras pessoas, que eu mesmo(a) me torno bênção se não girar egocentricamente ao redor do meu sucesso ou não me fixar em minha eficiência. Só então serei totalmente livre. Pois então sou verdadeiramente capaz de amar. Este desejo de uma vida pura e límpida vejo realizada em alguns santos. Sei que não posso copiá-los. E também não o gostaria. Mas sinto que é meu objetivo ser totalmente eu mesmo(a), ser aquela pessoa para o que Deus me destinou, sem utilizar Deus para mim e sem querer me ostentar.

O último objetivo de minha vida: eu tenho a firme esperança de que na morte haverei de morrer para dentro do amor de Deus e me saciarei com ele, como se lê no Salmo: "Eu, porém, pela justificação verei a tua face; quando acordar eu me saciarei com teu semblante" (Sl 17,15). Meu último objetivo está no além. Mas este objetivo do além não significa que eu salte por cima de objetivos aqui em minha vida.

Meu objetivo é tornar-me quem eu sou por vontade de Deus, produzir frutos conforme Jesus prometeu àqueles que nele permanecem e nos quais ele permanece. E sei que só produzirei verdadeiros frutos quando abandonar o meu ego e me tornar totalmente permeável ao amor. Um amor que flui dentro de mim e que, através de mim, flui até as outras pessoas e as torna felizes.

Índice analítico

Abandonar 17, 52, 119, 130, 173, 176
Abençoar 206
Abnegação 34
Abuso 44
Acaso 14, 61s., 152
Acompanhamento espiritual 143, 148
Acompanhamento interior da alma
Admiração 247
Afastamento, cf. tb. Proximidade e distância
Agressão, cf. tb. Violência
Ajudar 50, 62, 81, 117, 164, 166, 190, 195
Alegria 21, 23, 24, 27, 34, 35, 195
Alegria de viver, cf. Alegria
Alma 38, 45, 47, 57, 65s., 68s., 71, 81, 86, 168, 118s., 123, 125, 126, 132s., 226s.
Amadurecimento 75, 165, 221, 237
Amigo, amizade 26, 27, 29, 31, 32, 47, 128, 139, 145, 157, 184, 194, 197
Amor 15, 28-32, 34s., 41s., 48s., 51, 55s., 65, 72, 75, 79, 87, 90s., 109, 115, 123s., 136s., 146s., 151, 160s., 163, 165, 179, 181, 183, 188, 196, 204, 209, 214, 242, 250, 258
Amor ao inimigo 160, 205s.
Amor humano e divino 31
Anjo(s) 84, 106

Ars moriendi, cf. tb. Morrer, Morte
Artista 128, 132
Ascese e espiritualidade 15, 49
Ascese e felicidade 23, 34, 165
Atenção, cuidado 28, 42, 49, 51, 72, 75, 79, 134, 162, 194, 204
Autoimagem e imagem de Deus 131, 148
Autoimagens 52, 144
Autossatisfação 27

Banalidade do dia a dia 30, 33s., 82
Beleza 25, 115, 127s., 134s., 137
Bem 43, 50, 84, 85, 87, 88s., 90, 125, 150, 190, 195, 204, 206
Bem-aventuranças 20, 22
Bênção 43, 130, 205
Bíblia 24, 54, 61, 62, 66, 67, 69, 74, 83, 88, 95, 112, 131, 151, 171, 188, 241
Bode expiatório 80
Budismo 187
Burnout

Caminho espiritual, v. Tb. Espiritualidade
Casamento 20, 24, 43
Castigo 80
Catástrofes 125, 192
Celebrar 163
Céu 13, 49, 131, 137, 160
Channeling
Ciência e fé 113, 130
Ciência natural, cf. tb. Ciência e fé
Cobiça 208
Concorrência 50
Confiança 9, 106-108, 111-113, 125, 154, 193, 204, 228
Confissão 45, 228
Conflitos 41, 103, 204
Conhecimento 17, 106, 112, 114, 144, 200

Consciência 25s., 41, 51, 64, 124, 131, 143, 178s., 182-185, 188, 207
Consolo 231
Consolo ilusório 233
Contemplação 25, 66, 123, 165, 186, 187
Conversão 91
Corpo e alma 250
Corrupção 201
Criação 25, 32, 106, 112, 114, 124, 127, 136, 184, 204, 241
Crise 41
Cristão, ser cristão 7, 47, 54, 65, 71, 74, 80, 90, 142, 203s.
Cristianismo 24s., 78, 80, 87, 94, 144, 160, 191, 203
Cruz 55, 86, 87, 158, 163
Culpa 45, 54, 76, 79, 80s., 175s.
Culto a Deus 209
Cultura de discussão, v. tb. Relação de parceria
Curar 30
Decisão 17, 36, 69, 88, 111, 126
Dedicação 72, 160, 188
Dependência 83
Desejo 20, 24, 29, 31, 50, 56s., 58, 64s., 81, 125s., 128s., 140, 151
Desemprego 199
Desespero 82, 232
Desilusão 17
Destino, golpe fatal 16, 55
Deus, ser um com Deus 8, 15, 20-23, 25, 27s., 31-34, 42, 47, 49, 55, 61s., 64-66, 68s., 71, 73-75, 78s., 83, 85, 88, 92-96, 98, 104, 106s., 109, 111-113, 116, 119, 123-148, 150-161, 163-166, 167, 171, 173-176, 178s., 179, 182, 183-186, 188, 190, 193, 204, 218, 220, 221, 229-237, 241s., 244, 246, 251s.
Deus, cf. tb. Ocultamento de Deus

Diabo 84-86
Dia a dia, rotina diária 33s., 56, 82, 106, 109, 119, 132, 134, 166, 167
Dignidade 73-77, 105, 204
Dignidade humana, v. Dignidade
Dinheiro, manejo do 17, 131, 198, 207s.
Dizer não 39, 49, 195
Doença 27, 75, 76, 95, 98, 104, 110, 158
Dogmática 110, 158s.
Domingo 209
Dúvida 9, 18, 28, 54, 116, 127

Ecologia 208
Educação 89, 173
Ego 27, 33, 46, 50, 52s., 96, 99, 109, 166, 238
Egocêntrico 55
Energia negativa 45, 151
Engajamento pelos outros
Eros, amor erótico 31s.
Esperança 20, 22, 55s., 65, 90, 105, 156, 253
Espírito Santo 9, 146
Espiritualidade, caminho espiritual 15, 23s., 164ss.
Eternidade 243s., 259
Eu, cf. tb. Ego, Si-mesmo
Eucaristia 74, 124, 163
Evangelho de Tomé
Exemplo 36, 72, 74, 80, 82, 104, 112, 117, 226
Exercício, cf. tb. Ascese
Exigências dos outros 25, 33, 39s., 172, 179, 181, 186
Existência 7, 24, 61, 64s., 113, 116
Êxito 9, 17, 42, 197, 200ss., 235
Êxito profissional
Expectativas não satisfeitas 33, 35, 39, 41s., 96, 110
Experiências de Deus 117, 159
Experiências negativas 21
Expiação 80s.

Fascinação pelo negativo 82
Fé 25, 43, 65, 76, 90, 103-105, 110-115, 117, 125s., 128, 131, 137, 155, 196, 208, 215-220, 253ss.
Fé e certeza 241
Felicidade 13-19, 21s., 24s., 28, 30, 56, 58, 97, 108, 158
Ferida e reconciliação 24, 29s., 44, 45, 83, 172, 174
Feridas psicológicas 71, 89s., 205, 226
Fidelidade a mim e aos outros 30, 34, 46s., 106, 131, 230
Filhos 37, 42, 75, 78, 117, 157, 172, 198
Finitude, v. Tempo, Morrer
Flow 245
Fortaleza 105, 196, 230
Fracasso e a pergunta por sentido 24, 81, 110, 171, 219
Fraqueza 21, 26, 76, 92, 164, 172
Frenesi 103, 132
Fundamentalistas 181
Fundos éticos 208

Garantia, cf. tb. Fidelidade
Gestos, cf. tb. Rituais
Graça 36, 61, 108, 252
Gratidão 9, 18, 25s., 27s., 42, 56, 123

Higiene da alma 45
História como lugar da experiência de Deus 214
História de vida 43, 79
Honestidade 195, 197
Honra 92, 194
Hormônios de felicidade 16
Hostilidade ao corpo 22
Humanidade 80, 118, 130, 132
Humildade 17, 176
Humor, disposição 36, 108

Idéia de utilidade 77
Igreja 23s., 33, 110, 132s., 138, 158, 159s., 163s., 172

Iluminismo, v. Razão
Ilusão 17, 30, 94, 104
Imagem de Deus 141, 143s., 148
Imagens de Deus 142-144, 148
Incompreensibilidade de Deus, cf. Deus 150, 223
Incompreensibilidade do sofrimento, ver Teodiceia 150, 223
Inconsciente e consciente 48, 52, 64, 67, 109, 153
Infelicidade 20
Iniciativa de caridade, cf. tb. Engajamento
Injustiça 21, 82
Instante (momento) como experiência mística 14, 37s., 49, 56, 63

Juiz interior 55
Justiça 22, 87, 105, 117, 125, 196s, 210, 234

Liberdade e não liberdade 39s., 49, 54, 70, 79, 88s., 91, 94ss., 99, 109, 131, 179
Limitação 17, 42, 58, 64, 204
Limites 42, 44, 51, 54ss., 64, 91, 213
Liturgia, cf. tb. Eucaristia
Logoterapia 97

Mal, origem e interpretação 84s., 87
Mal, reação contra o 28, 46, 82s., 87-90, 92, 93
Medida, cf. tb. Virtudes cardeais
Meditação 33, 35, 124, 134, 163, 187
Medo 25, 39, 54, 56, 62, 91, 109, 144, 179, 183, 213
Medo da morte 55, 64, 65, 69
Medo da velhice 207, 249
Medo e confiança 213
Misericórdia 151, 160

Missão, cf. tb. Tarefa na vida
Mistério 53, 69, 74, 83, 106, 123s., 128, 132s., 137, 158s.
Mistério da vida 63, 193
Mística das mulheres 147
Mística de Cristo 147
Mística do amor 123, 147, 148, 186
Mística do fundamento do ser 147, 187, 245s.
Mistica, cf. tb. Mística do amor
Místico 124
Monges primitivos 178
Moral 25, 130
Morrer, cf. tb. Morte
Morte como convite à vida 65, 119
Morte como descanso eterno 14, 22, 55, 56, 57, 58, 63, 64, 66, 70, 80, 131, 161, 190, 213
Morte como meta de vida 137, 158, 252
Morte, cf. tb. Vida após a morte
Nascimento 65, 69, 137, 188

Ocultamento de Deus 140
Ódio 22, 83, 89, 91, 181, 241
Ofensa, cf. tb. Ferida
Ora et labora, cf. tb. Trabalho, Oração
Oração, cf. tb. Súplica, Queixa

Paciência 156, 233
Pacientes-*borderline* 106
Pais 39, 61, 103, 104, 106, 109, 125, 144, 171, 173, 178
Paz 8, 19, 27, 33, 39, 43, 53, 91, 109, 138, 153, 162, 179, 183, 241
Paz interior 39, 189
Pecado 95, 176s.
Pecado original 83, 177
Pecador 54, 74
Pensar, cf. tb. Razão
Perda 21, 24
Perdão 45, 55, 79, 80, 176, 229

Pesquisa cerebral 94s.
Pesquisa dos traumas
Pessoa 7s., 14, 17, 19, 23, 26s., 29-32, 40-44, 50s., 55, 62, 67, 73-78, 80, 82, 84, 85s., 88s., 92, 97, 106s., 111, 115-117, 124, 127, 131s., 134, 140, 143, 146s., 148, 153, 163, 166, 175s., 178-180, 190, 193s., 195, 203-206, 208, 215, 229, 235, 241, 243
Pessoalidade de Deus 146, 147
Piedade 85s.
Plenitude da vida, ver Momento atual, Eternidade, Morte
Poder 33, 45, 62, 74, 84, 86-88, 92s., 95s., 106s., 125, 131, 181, 209
Prazer 22-25, 35s.
Prazer de prejudicar 84
Preocupações cotidianas 42
Procura de Deus 140, 163, 164
Produção, rendimento 29, 75
Profissão 42, 198
Projeto de vida 44
Proximidade e distância 50, 147
Prudência 105

Queixa diante de Deus 156

Raízes 103, 110
Razão 9, 25, 27, 42, 48, 65, 66, 84, 90, 95, 110s., 116, 119, 126, 180, 181
Realização 57, 65, 98, 198
Reconciliação 31, 44, 45
Reino de Deus 58, 140, 246
Relação com êxito 99
Relação e separação 50
Relação, relacionamento 8, 21, 24, 26s., 31, 38, 41-44, 46, 50s., 67, 69, 77, 104, 116, 124s., 130, 133, 135, 147, 188, 200, 209
Relacionamento de parceria 42

Religiões 23, 24, 116, 117, 118, 119, 123, 141, 142, 160, 161, 162, 180, 186, 209
Renascimento 63
Resignação 19s., 106, 232, 234
Respiração 49, 64, 124
Responsabilidade 45, 171-173, 175, 182, 184s., 207
Ressurreição, cf. tb. Vida depois da morte
Ritmo, corporal-anímico 38
Ritual 35, 81, 166, 228

Sabedoria 75, 106, 161
Salvação 161
Santos 78
Satanismo 82
Saturação total 18s., 23s., 58, 64
Saudável 19
Saúde 38, 251
Segunda metade da vida 24, 28, 75, 78, 179
Segurança de vida 52
Sentido da vida, v. Sentido, Tarefa, Missão
Sentido, pergunta pelo sentido 7, 8, 13, 14, 21, 33, 35, 37, 38, 64, 67, 71, 75, 79, 82, 96, 97, 98, 99, 107, 114, 115, 116, 117, 118, 126, 128, 173, 198, 215, 219, 241
Sentimentos de culpa 80, 176
Ser integral 225
Ser pessoa, pessoalidade 189
Serenidade 56
Sexualidade 23, 24
Silêncio, calma, tranquilidade 14, 33, 134, 136, 138, 153, 163, 165, 251
Símbolos de *status* 73
Si-mesmo, cf. tb. Ego
Sistema de fé 110
Sofrimento, cf. tb. Teodiceia
Solidão 163, 165

Solidariedade 188, 208
Suicídio 255
Superação da violência 91
Superego 109, 154, 178, 183, 238
Súplica (oração de súplica) 27, 35, 43, 72, 109, 140, 153, 154, 160, 165, 166, 186, 192, 193

Tarefa na vida 52, 63, 71, 72, 81, 87, 98, 116, 142, 162, 163, 171, 173, 174, 179
Tédio 247
Tempo de vida 105, 106, 124
Tempo, lidar com o 35, 37, 38, 45, 55, 61, 82, 103, 106, 132, 133, 136, 147, 151, 182, 195, 243, 244, 245s.
Tempos sagrados 33
Teodiceia – questão da, cf. tb. Sofrimento 21, 24, 98, 110, 149, 150, 152, 192, 193, 216, 217, 218, 236, 257s.
Tornar-se pessoa como tarefa 176
Trabalho 17, 34, 36, 38, 51, 112, 130, 143, 198, 199
Transcendência 119, 126
Trindade, cf. tb. Imagens de Deus
Tristeza, luto, pesar 233

União, experiência de 19, 23, 42, 46, 123, 162, 187, 188
Universalidade 117, 204

Valor, valores 24, 31, 46, 55, 62s., 66, 73-78, 82s., 95, 97s., 105, 116s., 160, 162, 196-198, 201, 203, 210, 213
Vazio, experiência de 34, 133, 186
Velhice, ficar velho 75, 95, 207
Verdade 7, 25, 27, 30, 47, 61, 69, 73, 90, 94, 99, 123, 134, 144, 191, 194, 202, 205, 252

Vida – como mistério 7-9, 13-15, 17, 19, 21s., 24s., 27-30, 35, 38, 47, 49s., 52, 54-56, 61-66, 69, 71-76, 78s., 82-84, 94s., 97-99, 103-106, 110-112, 114-119, 123s., 126-128, 132s., 137, 139, 141-144, 160s., 165, 171-173, 175-177, 179, 182, 193, 195, 196-199, 201, 207, 219, 235, 242, 288, 249, 250s., 257s., 259-274

Vida após a morte, cf. tb. Vida eterna,

Vida como tarefa 243

Vida eterna 55, 137, 158, 161, 243

Violência 48, 90, 91, 92, 181, 204

Virtude, cf. tb. Virtudes cardeais 105, 210

Virtudes cardeais 105, 106, 112, 196, 203

Weltethos (ética mundial) 117

Índice geral

Sumário, 5

Prefácio, 7

I. O que desejo? Como encontro a felicidade?, 11

1. A felicidade é sempre apenas um instante?, 13
2. Devo procurar minha felicidade, ou ela vem a meu encontro?, 16
3. A satisfação é o mais importante?, 19
4. Pode-se ser feliz, mesmo quando a vida nos reserva algo difícil?, 21
5. Como é que a religião proíbe tanta coisa que dá prazer?, 23
6. O que traz a gratidão como atitude de vida, quando existe tanta coisa ruim?, 26
7. Por que correr atrás do amor, se ele é tantas vezes caótico e aflitivo?, 29
8. O amor a Deus e o amor entre as pessoas humanas é o mesmo?, 31
9. Que possibilidades existem para fugir da banalidade e da rotina de meu dia a dia?, 33
10. Como posso ter alegria de viver em meio às agruras de cada dia?, 35

11. Meu tempo está partido por tantas reivindicações – Como posso organizá-lo?, 37

12. Como encontro a paz interior?, 39

13. Tantas relações fracassam. Como têm êxito as relações?, 41

14. A verdadeira reconciliação também é possível mesmo no caso de ferimentos profundos?, 44

15. O que é mais importante: fidelidade a mim ou fidelidade às outras pessoas?, 46

16. Como posso acabar com minha desunião e encontrar unidade interior?, 48

17. Como encontrar a mim mesmo(a) sem me afastar demais das outras pessoas?, 50

18. Devo abandonar o meu eu ou devo tornar-me sempre mais eu mesmo(a)?, 52

19. Sempre sinto minha limitação, minha angústia. Quem vai libertar-me disso aqui e agora?, 54

20. Algum dia vou parar de desejar alguma coisa?, 57

II. Que valor tenho eu? Sou livre?, 59

1. Por que vivo afinal? – Não devo minha vida ao mero acaso?, 61

2. Por que vivemos, se temos de morrer?, 63

3. O que existe antes de nossa existência, o que vem após a morte?, 65

4. O que é realmente a alma humana?, 67

5. O que acontece com a alma no momento do nascimento e da morte?, 69

6. Tenho uma tarefa, uma missão neste mundo?, 71

7. O que me torna valioso? Como posso medir ou sentir o meu valor?, 73

8. O que constitui afinal o meu valor, quando minha fraqueza é notória?, 75

9. O que significam para mim as outras pessoas?, 77

10. Como lidar com a culpa? Com a nossa e com a dos outros?, 79

11. Como surge o mal no mundo? Como explicá-lo?, 82

12. Em que consiste o fascínio pelo mal? O mal pode servir-se também do bem?, 84

13. Falar hoje do diabo ainda faz sentido?, 86

14. Existe um mal que não se baseia numa decisão livre?, 88

15. É realista acreditar na superação da violência pelo amor?, 90

16. Como defender-se contra a maldade e a agressão?, 92

17. Sou realmente livre? E sob que aspecto? Ou a minha liberdade é pura ilusão?, 94

18. De que modo as pessoas perguntam pelo sentido?, 97

III. Em que posso confiar? A fé faz sentido?, 101

1. Como encontrar um ponto seguro neste frenesi de nosso tempo?, 103

2. Se tudo muda tão rapidamente, é possível a gente se fiar em alguma coisa?, 105

3. Posso confiar em mim mesmo(a)?, 108

4. Qual é a segurança que oferece a fé?, 110

5. A fé só se aplica àquilo que ainda não sabemos?, 112

6. Pode a ciência proporcionar um sentido diferente daquele da fé?, 114

7. A pergunta sobre o sentido não recebe tantas respostas quantas são as pessoas?, 116

8. Existe uma ciência das religiões que seja da humanidade? Ou isto foi substituído pelas ciências?, 118

IV. Onde está Deus? Posso senti-lo?, 121

1. Quem é Deus na verdade? E ser um com Ele, isto é possível também para pessoas normais?, 123

2. Só posso acreditar em outras pessoas. Por que acreditar em Deus?, 125

3. Existem pessoas com poucos dotes religiosos?, 127

4. O mundo funciona também sem Deus. Onde é seu lugar? Para que precisamos dele?, 130

5. O que acontece se esquecermos a Deus?, 132

6. Como deveria eu viver para percebê-lo?, 134

7. Se Deus existe, onde está?, 136

8. Se Deus se revelou, por que está escondido?, 139

9. Se só existe um Deus, por que as religiões o veem de maneira tão diferente?, 141

10. Por que existem imagens tão contraditórias de Deus?, 143

11. Como se pode afirmar que Deus é uma pessoa?, 146

12. Como é que Deus todo-poderoso e bom permite o sofrimento de pessoas inocentes?, 149

13. Como podemos afirmar diante da realidade que Deus é amor?, 151

14. A oração pode ajudar em alguma coisa?, 153

15. Preciso acreditar em Deus para experimentar sua ajuda?, 155

16. Por que teria Deus interesse em escutar minhas queixas e meus pedidos?, 156

17. Jesus é Deus ou pessoa humana como nós?, 158

18. Em que a mensagem de Jesus contribui para o diálogo com as outras religiões?, 160

19. Preciso da Igreja para encontrar Deus?, 163

20. O que é e para onde leva o caminho espiritual?, 165

V. Como devo proceder? Pelo que sou responsável?, 169

1. Não serei primeiro responsável por mim, antes de me tornar responsável pelos outros?, 171

2. Eu desempenho papéis, funções: sou realmente livre no que faço ou sou o produto de minha educação, de meus genes, de meu meio ambiente?, 173

3. Sinto sempre que me torno culpado em relação aos outros, que não correspondo ao que realmente quero, 175

4. Existe uma consciência inata ou ela é implantada em nós por nossos pais e pela sociedade?, 178

5. Agir certo e errado: é possível distinguir isso assim tão facilmente?, 180

6. Diante de quem sou responsável em última análise pelo que faço?, 182

7. Tenho responsabilidade só pelo meu meio ambiente próximo, ou também por ele todo?, 184

8. Devo engajar-me? O ativismo também não é um perigo?, 186

9. Por que devo engajar-me em favor dos outros?, 188

10. Por que devo ajudar, de preferência, os fracos?, 190

11. Como posso lidar com o sofrimento dos outros, com as catástrofes diárias no mundo?, 192

12. O honesto não é sempre o bobo? O que ganho fazendo o bem?, 194

13. Posso viver com base nos valores e mesmo assim ter êxito?, 196

14. Preciso de profissão e trabalho se quiser realizações e sentido na vida?, 198

15. Quais são os critérios do verdadeiro êxito?, 200

16. Um cristão age diferentemente do que qualquer outra pessoa de boa vontade?, 203

17. O amor ao inimigo não é irreal num mundo como o de hoje?, 205

18. Quais são os critérios para empregar bem o dinheiro?, 207

19. Que chances tem a fé na justiça contra o predomínio do econômico?, 209

VI. O que me faz amadurecer? O que me consola?, 211

1. Medo ou confiança, o que é mais realista?, 213

2. Como entender o sofrimento, como lidar com ele sem quebrar?, 215

3. Que sentido tem o fracasso?, 219

4. Pode a doença ter um sentido?, 222

5. O que significa ser saudável? Qual a importância do bem-estar e da saúde?, 224

6. Do que adoece a alma? O que é salutar para a alma?, 226

7. Como posso sentir o perdão da culpa?, 228

8. Qual a diferença entre consolo e palavras de animação ilusórias?, 230

9. O que me traz consolo: o tempo, a fé ou a esperança?, 232

10. Preciso viver más experiências para amadurecer?, 235

11. O amadurecimento tem algum objetivo na vida humana?, 237

VII. O que posso esperar? Tudo será bom?, 239

1. Este mundo é um lugar bom?, 241

2. Meu tempo limitado de vida e a eternidade: estão relacionados entre si?, 243

3. O que significa "tempo repleto" ou "vida repleta"?, 245

4. Tédio é uma característica de nosso tempo. Como pode a sensação do vazio transformar-se em tempo pleno?, 247

5. O medo da velhice aumenta em nossa sociedade. Como posso enfrentar esse medo?, 249

6. O que restará de mim quando eu não mais existir?, 250

7. É possível em vida preparar-se para uma boa morte?, 252

8. Por que nós, como pessoas livres, não podemos decidir sobre a nossa morte?, 254

9. A esperança cristã no sofrimento diante da perspectiva da morte, que sobrevirá a todos, é mais do que promessa vazia?, 257

10. Existe vida após a morte?, 259

11. Para onde vamos ao morrer?, 262

12. O que motiva a esperança de que o amor é mais forte do que a morte?, 264

13. Existe um relacionamento entre os vivos e os mortos?, 266

14. Existe renascimento?, 268

15. No fim, a grande prestação de contas virá como juízo ou tudo ficará bem?, 270

16. Onde encontrar a esperança de que tudo não é em vão?, 272

17. Qual é o meu objetivo último na vida?, 274

Índice analítico, 275